1592년 4월 13일부터 1595년 1월 15일까지 약 130일간 피란일기
경상도 성주군 벽진면 운정리 개터, 김천시 증산면 황점리 문예촌,
합천군 율곡면 두사리, 군위군 인각사 등지로 피란한 18세 젊은이의 기록

암곡 도세순
용사일기

巖谷 都世純 龍蛇日記

都世純 원저·申海鎭 역주

보고사
BOGOSA

머리말

이 책은 후손의 숭조정신에 힘입었음을 먼저 밝힌다. 10여 차례나 임진왜란 당시 선조의 피난길을 답사하여 자연부락까지 상세히 주석한 고인(故人) 도두호 씨의 정신, 그 답사에 동행하여 작성한 김현철 화가의 피난 지도가 고스란히 담겨 있기 때문이다.

"자식 된 자의 정이 귀하네요. 이와 같이 사람들이 서로 잡아먹는 시절에 떡을 만들어 제사를 지내다니요? 기특하고 기특한 일입니다." …중략… 이때 기근이 거듭 극에 달하여 굶주려 죽은 시체가 들판을 뒤덮고 있어 여우와 살쾡이가 먹어 치우고 까마귀와 솔개가 쪼아대니 차마 눈 뜨고 볼 수 없었다. 시절의 참혹함이 어찌 한결같이 이 지경에 이른단 말인가?

국가관이나 임금에 대한 충성심 같은 것은 없고, 조상의 공덕이나 문중의 과시 같은 것도 없습니다. 물론 어려운 현학적인 문장도 없습니다. 다만 시골 향반 집안의 18세 젊은이가 부모 형제 친지들을 걱정하며, 눈앞에 닥친 어려움을 견뎌 나가는 이야기가 전부입니다.

앞의 글은 당시 20세의 청년이 1594년 6월 8일 일기에 적은 내용의 일부이고, 뒤의 글은 그 청년의 일기를 14세손이 2009년 번역하며

한 말이다. 선조와 후손이 415년이라는 시간 간격을 두고 한 말인데, 모든 것들을 앗아간 전쟁의 야수적 폭력성 앞에서 나라와 임금은 무엇하고 백성 개인들이 삶과 죽음 사이를 왔다갔다 해야 하는지, 했는지에 대한 먹먹함과 묵직함이 내재해 있다. 이에 공감하는 것은 여전히 전쟁의 위험성에 노출되어 있는 것이 우리네 현실이기 때문이리라.

이 책은 암곡(巖谷) 도세순(都世純, 1574~1653)이 1592년 4월 13일부터 1595년 1월 15일까지 그 사이에 약 130일간 기록한 일기를 번역한 것이다. 1592년 5월까지의 일들은 비교적 매일 곡진하게 기술하였으나, 이후부터 1595년까지는 그날 있었던 일이 매일 기록된 것이 아니라 듬성듬성 쓰여 있다. 그래서 이것들을 혹여 전쟁의 참상을 겪은 단순한 일상의 조각들이겠거니 치부할 수도 있겠으나, 그 기록은 기억해야만 하고 되새겨야만 하는 역사의 중요한 이면인 셈이다. 이 일기는 도세순의 문집 《암곡일고(巖谷逸稿)》의 권1에 묶어져 있는 〈용사일기(龍蛇日記)〉이다.

도세순의 본관은 성주(星州), 자는 후재(厚哉), 호는 암곡이다. 증조부는 동몽교관을 지낸 도균(都勻, 1483~1549), 조부는 훈도를 지낸 도태보(都台輔, 1501~1558), 부친은 공조참의에 증직된 도몽기(都夢麒, 1542~1594), 모친은 이양수(李良受, 생몰년 미상)의 딸 강양이씨(江陽李氏: 합천이씨)이다. 도세순은 성주군 운곡 행정리(현 경상북도 성주군 벽진면 운정리)에서 도몽기의 둘째 아들로 태어났다. 일찍이 한강(寒岡) 정구(鄭逑)와 여헌(旅軒) 장현광(張顯光)에게서 수업하였으니, 장현광의 명으로 『경산지(京山誌)』편찬에 참여하였고 정구의 명으로 천곡서원(川谷書院) 창건을 주관하였다고 한다.

도세순은 1592년 임진왜란이 일어나자 경상북도 성주군 벽진면 운정리(개터)에서 18살의 나이로 일가친척 40여 명과 함께 피난길에 나섰으니, 인근의 걸수산(乞水山: 빌무산)·나부산(羅浮山) 등 여러 산 속에서 숨어 지내다가, 김천시 증산면 황점리(문예촌), 경상남도 합천군 가야산 해인사(海印寺), 야로면, 경상북도 고령군 쌍림리(용담), 경상남도 합천군 초계면, 율곡면 낙민리(두사리), 경상북도 대구 서북쪽의 대현(大峴: 한티재)을 넘어 군위군 고로면 인각사(麟角寺) 등을 전전하며 피난하였는데, 이때의 일기가 바로 〈용사일기〉이다.

전쟁에 직접 참전하지 않은 젊은이의 일기라서 전투 현장의 생생함이야 없더라도 당시 후방에서의 피란한 삶이 어떠했는가 살펴볼 수 있도록 비교적 소상하게 기록되어 있다. 왜적의 침입과 살육으로 인한 공포로 말미암아 고통스러운 피란 길에 올라 서로 길이 엇갈려서 가족과 종을 찾아야 하기도 하고 도적이 들끓어 재산을 모조리 도둑맞기도 하는 등 여느 피란 일기와 비슷한 내용이 포함되어 있다. 모진 피란 생활에서도 조상의 제사를 지내는 일도 또한 기록되어 있다. 그 기록 방식은 백성들이 겪고 있는 고통과 참상을 생생하게 증언하며 지배층의 무능과 부도덕을 신랄하게 풍자하거나 비판하기도 하는 한편, 혼란한 시대의 현실에 관한 근원적 성찰을 모색하며 성리학적 입장에서 인륜 도덕의 확립을 전망하는 방향으로 의론성(議論性)을 강화한 여헌(旅軒) 장현광(張顯光, 1554~1637)의 〈용사일기〉 글쓰기 방식과는 전혀 달리하여 자신이 직면해야 했던 상황들의 있는 그대로를 담담히 기록하며 의론적인 표현은 가급적 삼간 것이 특징이다.

그리하여 전란으로 인하여 필연적으로 따르는 기근과 전염병에 스러지는 민초(民草)들의 고통이 고스란히 담겨 있다. 한창 보릿고개를 넘고 있던 시기에 발발한 임진왜란은 보리 수확과 벼농사의 시작을 가로막았으니, 묵은 양식을 비축해 두었던 사족들이 조금일망정 버틸 수 있었다 하더라도 결국엔 먹을 것을 구하고자 떠날 수밖에 없었는데, 노비를 데려갔으나 식량이 모자라자 버리기도 했고, 산나물을 뜯어 죽을 끓여 먹었으나 모자라서 가족들은 피골이 상접해야 했고, 어린 동생은 오랜 굶주림 끝에 우연히 얻은 보리밥을 급히 먹다가 목이 메어 죽기도 했던 모습 등이 매우 곡진하게 묘사되어 있다. 노비들도 굶어 죽고, 또한 도처에서 굶주려 먹거리를 약탈하는 도둑이 밤낮 가리지 않고서 출몰하기도 한다. 그런 가운데 1593년 윤11월 6일의 일기를 보면 지역 찰방이 직접 시골 마을 구석구석 뒤지며 곡식을 10말 이상 쌓아 놓은 것이 있으면 징발했는데, 이는 구원군 명나라 군사를 먹이기 위한 방도일지라도 굶주림에 시달리던 백성들이 허둥지둥 곡식을 감추는 모습에서 그 찰방도 도둑이나 왜적과 같은 약탈자임은 매일반이었음을 보여준다.

이러한 기근만 아니라, 전염병 또한 백성들을 괴롭혔으니 이른바 재앙이라 불리는 것이었다. 도세순의 어린 동생 복일은 임진왜란 당시 7살로 4월과 6월에 이질에 걸려 핏기 전혀 없이 초췌하여 뼈가 앙상한데도 약을 구하지 못하여 걷지도 못했다. 전염병은 그해 10월이 되자 백성들을 괴롭히기 시작하여 12월이 되었을 때 도세순도

여종 연금에게서 전염되어 돌림병을 10일 동안 앓았는데, 계조모(繼祖母)와 다른 여종에게까지도 전염되었을 뿐만 아니라 그의 온 집안과 동네까지도 전염되면서 전염병 공포에 시달려야 했다.

명분 없는 전쟁에 참전하면서 희생된 수많은 사람들은 적과 싸웠다는 미명 아래 그들의 이름이라도 역사에 남지만, 기근과 전염병으로 삶이 송두리째 파괴되고 목숨까지 빼앗긴 이름 없는 민초들은 역사의 이면으로 사라질 뿐이다. 이야말로 18세의 도세순이 정녕 고발하려 했던 것이 아닐까 한다.

앞서 도세순의 14세손 도두호 씨가 〈용사일기〉를 번역하여 간행한 사실을 밝힌 바 있다. 실기 문헌의 주석 작업의 3요소라고 할 시간, 장소, 인물 가운데 장소에 대해서는 자연부락까지 더할 나위 없이 세밀하게 잘 되어 있었다. 그러나 원전의 구두 작업 및 교감을 비롯해 인물에 대해서는 덧보태어야 할 점이 있었을 뿐만 아니라 오역도 바로잡아야 할 필요가 있었다. 이의 보완을 통해, 도두호 씨가 이루고자 했던 바에 좀 더 가까이 다가갔기를 바랄 뿐이다.

한결같이 하는 말이지만 나름대로 최선을 다하고자 했다. 그러함에도 불구하고 여전히 부족할 터이니 대방가의 질정을 청한다. 아직도 채우지 못한 곳이 많아 아쉽기만 하다. 끝으로 편집을 맡아 수고해주신 보고사 가족들의 노고와 따뜻한 마음에 심심한 고마움을 표한다.

2023년 3월 빛고을 용봉골에서
무등산을 바라보며 신해진

차례

용사일기龍蛇日記

임진년(1592)

계사년(1593)

갑오년(1594)

을미년(1595)

일러두기

이 책은 다음과 같은 요령으로 엮었다.

01. 번역은 직역을 원칙으로 하되, 가급적 원전의 뜻을 해치지 않는 범위 내에서 호흡을 간결하게 하고, 더러는 의역을 통해 자연스럽게 풀고자 했다. 다음의 자료가 참고되었다.
    • 『용사일기』, 도두호 역, 새박, 2009.
02. 원문은 저본을 충실히 옮기는 것을 위주로 하였으나, 활자로 옮길 수 없는 古體字는 今體字로 바꾸었다.
03. 원문표기는 띄어쓰기를 하고 句讀를 달되, 그 구두에는 쉼표(,), 마침표 (.), 느낌표(!), 의문표(?), 홑따옴표(' '), 겹따옴표(" "), 가운데점(·) 등을 사용했다.
04. 주석은 원문에 번호를 붙이고 하단에 각주함을 원칙으로 했다. 독자들이 사전을 찾지 않고도 읽을 수 있도록 비교적 상세한 註를 달았다.
05. 주석 작업을 하면서 많은 문헌과 자료들을 참고하였으나 지면관계상 일일이 밝히지 않음을 양해바라며, 관계된 기관과 여러분께 진심으로 감사드린다.
06. 이 책에 사용한 주요 부호는 다음과 같다.
    (   )   : 同音同義 한자를 표기함.
    [   ]   : 異音同義, 出典, 교정 등을 표기함.
    "   "   : 직접적인 대화를 나타냄.
    '   '   : 간단한 인용이나 재인용, 또는 강조나 간접화법을 나타냄.
    〈   〉   : 편명, 작품명, 누락 부분의 보충 등을 나타냄.
    「   」   : 시, 제문, 서간, 관문, 논문명 등을 나타냄.
    《   》   : 문집, 작품집 등을 나타냄.
    『   』   : 단행본, 논문집 등을 나타냄.
07. 이 책과 관련된 안내 사항과 논문은 다음과 같다.
    • 각주의 표제어 가운데 * 표시가 있는 표제어의 설명은 도세순의 14세손인 故人 도두호 씨가 펴낸 책에서 활용된 것임을 나타낸다.
    • 이 책의 지도는 고인이 된 도두호 씨와 김현철 화가가 10여 차례 직접 답사하여 작성한 것이다. 사용할 수 있도록 후의를 베풀어 주신 도두호 씨의 부인 이명신 씨와 김현철 화가에게 고마운 마음을 전한다.

- 이 책에서 성주도씨와 관련된 인적 사항은 『성주도씨대동보』(성주도씨대동보 편찬위원회, 대보사, 2013)에 의한 것이다. 또한 성주도씨대종회의 관계자가 인터넷족보를 검색할 수 있도록 베풀어 준 후의에 힘입은 바도 있다.
- 김성우, 「임진왜란과 1593~1594년 계갑대기근: 경상도 성주 도세순 집안을 중심으로」, 『한국사연구』 188, 한국사연구회, 2020.
- 신진혜, 「임진왜란기 경상도지역 사족의 상제례 시행양상과 의미」, 『국학연구』 47, 한국국학진흥원, 2022.
- 이상호, 「20세 청년 선비의 눈으로 기록한 전쟁, 《용사일기》」, 『고전사계』, 2022. 봄, 한국고전번역원.

용사일기
龍蛇日記

번역과 원문

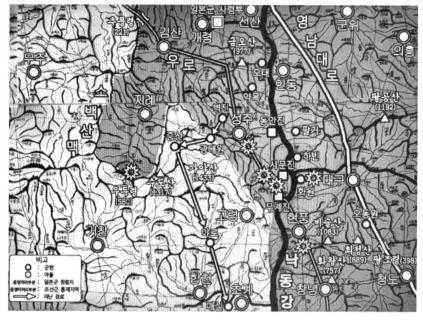

도세순 일가의 피난로

출처: 김성우, 「임진왜란과 1593~1594년 계갑대기근: 경상도 성주 도세순 집안을 중심으로」(『한국사연구』 188, 한국사연구회, 2020).

임진년(1592)

만력 20년 선조 25년

4월 13일

왜적이 대거 침입하였으니, 백만이라고 떠벌리는 대군으로서 전함들이 앞뒤로 꼬리를 물고 바다를 뒤덮으며 이르렀다. 이때 우리나라는 태평 승세를 누린 지 이미 오래되어 백성들이 전쟁을 알지 못했는데, 하루아침에 적군들이 갑자기 들이닥치자 변경의 장수들이 능히 막아내지 못해서 성을 버리고 도망하여 숨거나 전군(全軍)이 사로잡혀 죽임을 당하기도 하였다.

적이 부산(釜山) 등의 진(鎭)을 함락하고 동래(東萊)로 전진하여 포위하니, 부사(府使) 송상현(宋象賢)이 견고한 성에서 대항하였으나 수비가 완전하지 못하여 성이 마침내 함락되었다. 송상현은 관대(冠帶)를 하고 단정히 앉아서 서쪽을 향해 두 번 절한 다음 죽임을 당하였다.

적들이 여러 고을을 연달아 함락하고 바다와 육지로 동시에 진격해 왔는데, 향하는 곳마다 거칠 것이 없어 기세가 기왓장 부수듯이 하니 감히 항거하는 자가 없었다. 감사(監司) 김수(金睟: 金晬의 오기, 협주: 정사가 가혹하고 부역이 번다함)·병사(兵使) 조대곤(曺大坤, 협주: 늙어서 용맹이 없음)은 무리를 거느리고 자신만을 호위하면서 머뭇거리며 적과 싸우지 않으니, 적이 제 마음대로 쳐들어와 기세를 올리는 것이 마치 무인지경에 들어오듯 하였다.

이때 목사(牧使: 성주 목사) 이덕열(李德說: 李德悅)·판관(判官) 고현(高峴: 高晛의 오기)이 본주(本州: 星州)의 날랜 기병 5천을 거느리고 현풍(玄風) 경계에 진을 쳤으나 겁에 질려 병졸들이 뿔뿔이 흩어졌다. 이에, 인민들도 모두 놀라서 원근의 지역이 소요에 휩싸이니, 울부짖는 소리가 하늘에 사무치고 땅을 진동하였다.

당시에 나는 집안의 종친들과 함께 피난하기로 도모하고 별별 논의를 다하였으나 어느 것을 따라야 할지 몰랐다. 그런데 어떤 사람이 말하기를, "깊은 산은 그곳에 적들이 반드시 병졸들이 숨었을 것으로 의심하여 샅샅이 뒤질까봐 걱정하는 마음이 없지 않지만, 나지막한 산이야 어찌 죄다 찾으려고 하겠습니까? 지금의 계책으로는 나지막한 산에 도망가서 숨었다가 형세를 보아가며 피난하는 것이 만전을 기하는 계책입니다."라고 하자, 모두 좋다고 하였다. 이윽고 의논하여 결정하였고, 걸수산(乞水山: 빌무산)에 들어가기로 약속하였다.

萬曆二十年宣祖二十五年壬辰四月十三日。

倭大擧入寇, 衆號百萬, 舳艫相接, 蔽海而到。時我國昇平已久, 百姓不知兵革[1]。一朝賊兵猝至, 邊將莫能禦之, 或棄城竄匿, 或全軍擒戮。賊陷釜山等鎭, 進圍東萊, 府使宋象賢[2], 堅城拒之,

---

1　兵革(병혁): 전쟁을 달리 이르는 말.

而守備未完, 城遂陷. 象賢, 冠帶端坐, 西向再拜, 然後受害. 賊
連陷諸郡, 水陸並進, 所向無前, 勢如瓦解, 無敢拒之者. 監司金
睟³【政苛役煩】·兵使曹大坤⁴【老而無勇】, 擁衆自衛, 逗遛不戰, 賊
肆然馳張, 如入無人之境. 時牧使李德說⁵·判官高峴⁶, 帥本州輕

---

2 宋象賢(송상현, 1551~1592): 본관은 礪山, 자는 德求, 호는 泉谷·寒泉. 1570년
   진사에, 1576년 別試文科에 급제하여 鏡城判官 등을 지냈다. 1584년 宗系辨誣使
   의 質正官으로 명나라에 다녀왔다. 귀국한 뒤 호조·예조·공조의 正郎 등을 거쳐
   東萊府使가 되었다. 임진왜란이 일어나 왜적이 동래성에 쳐들어와 항전했으나
   함락되게 되자 朝服을 갈아입고 단정히 앉은 채 적병에게 살해되었다. 충절에
   탄복한 敵將은 詩를 지어 제사지내 주었다.
3 金睟(김수): 金睟(1547~1615)의 오기(이하 동일). 본관은 安東, 자는 子昂, 호는
   夢村. 1573년 알성 문과에 급제하여 평안도 관찰사·경상도 관찰사를 거쳐 대사헌,
   병조·형조의 판서를 두루 지냈다. 1592년 임진왜란이 일어났을 때 경상 우감사로
   진주에 있다가 동래가 함락되자 밀양과 가야를 거쳐 거창으로 도망갔다. 전라
   감사 李洸, 충청 감사 尹國馨 등이 勤王兵을 일으키자 함께 용인전투에 참가했으나
   패배한 책임을 지고 한때 관직에서 물러났다. 당시 의령에서 의병을 일으켰던
   곽재우와 불화가 심했는데 이를 金誠一이 중재하여 무마하기도 했으며, 경상
   감사로 있을 때 왜군과 맞서 계책을 세워 싸우지 않고 도망한 일로 사람들의
   비난을 받았다.
4 曹大坤(조대곤, 생몰년 미상): 본관은 昌寧, 자는 光遠. 1588년 滿浦鎭僉使에
   제수되었는데, 나이가 너무 많아 평안도 지역을 책임지기에 부족하다는 병조판서
   鄭彦信의 상소로 말미암아 체직되었다. 경상우도 병마절도사 재임 중이던 1592년
   에 임진왜란이 일어났는데, 善山郡守 丁景達과 함께 龜尾의 金烏山 부근에서
   왜군을 대파하였다. 또 星州에서 많은 적을 생포하였고, 高靈에서 수 명의 적장을
   베는 등의 공적을 세웠다. 그러나 많은 군사를 거느린 병마절도사로서 적의 침입
   소문에 겁을 먹어 도망을 가고, 金海 일대에서는 어려움에 처한 아군을 원조하지
   않았다가 병사들이 전멸하고 城이 함락되게 만들어 왜군이 서울까지 침범하게
   하는 원인을 제공했다는 내용으로 탄핵되어 파직된 뒤 백의종군하였다. 1594년
   副摠管에 제수되자 敗戰 장수를 급히 현직에 기용할 수 없다는 상소가 올라와
   체차되었다.

騎五千隻, 屯玄風⁷之境, 虛驚散卒。於是, 人民盡駭, 遠近騷擾,
哭泣之聲, 徹天動地矣。時余與諸族, 共謀避亂, 論議多端, 莫的
所從。有人云: "深山則賊必疑其藏兵, 不無窮搜之患, 殘山則豈
能盡搜? 今計莫如竄伏殘山, 觀勢以避, 此萬全之策。"皆曰諾。
因決議, 約入乞水山⁸。

---

5 李德説(이덕열): 李德悦(1534~1599). 본관은 廣州, 자는 得之. 부친은 영의정
   李浚慶이며, 모친은 金楊震의 딸이다. 李有慶에게 입양되었다. 1569년 별시
   문과에 급제, 장령·舍人·사간·우승지·좌승지·참찬관·형조참의 등의 관직을
   지냈다. 1592년 임진왜란이 발발하자, 당시 星州牧使로 있던 그는 성주 성내에
   왜적이 웅거하고 있는데도 지경을 떠나지 않고 굳게 지키면서 도망한 군사들을
   수습하여 적을 토벌하였다. 좌부승지가 되어 명나라 摠兵 劉綎에게 燕享하는
   일로 호남에 다녀왔으며, 임진왜란 당시 진주·경주 등지에서 싸우다 죽은 명나라
   군사의 제사를 지내주는 것이 옳다고 청하였다. 1598년 명나라 장수 李如梅의
   接伴使로서 시종 陪行하여 蔚山에서의 승전보를 전하였다.
6 高峴(고현): 高晛(생몰년 미상)의 오기. 본관은 濟州, 자는 景晦. 부친은 훈련원
   판관 高士廉이고, 형은 寧城君 高曦이다. 무과에 등제하여 관직에 나아갔으며,
   1592년 임진왜란이 일어나자 성주판관으로 근무하던 중, 먼저 도피하였다 하여
   탄핵을 받고 파직되었다. 그 뒤 아들 高弘達·高弘建과 함께 왕을 호위하여 의주에
   간 공으로 宣武原從功臣에 책록되었다.
7 玄風(현풍): 대구광역시 달성군 현풍면 일대의 옛 지명.
8 乞水山(걸수산)*: 빌무산으로 불림. 경상북도 성주군 벽진면과 김천시 조마면
   사이에 있다. 북동쪽에 白馬山이 있고 바로 남쪽 앞에 별뫼산이 있다. 두 산
   사이에 있는 고개는 '빌미재', '별뫼재' 혹은 '별미재'라고 한다. 김천시 농소면과
   성주군 벽진면의 경계이다. 이 고개의 남쪽으로 安峰寺가 있고 안산, 나부산,
   갈마산이 연결되어 있는데, 나부산과 갈만산의 앞 마을이 介台(개터)이다.

4월 20일

가보(家寶)를 묻은 뒤 옷가지와 양식을 싸 가지고 앉았는데, 때마침 집에 싱거운 막걸리(薄醪: 산촌의 거친 막걸리)가 있어서 족형(族兄: 10촌 이상 일가붙이의 형뻘인 사람) 도시춘(都是春)·김로(金輅: 김우곤의 아들) 아재와 함께 마셨다. 김로 아재가 술잔을 들고 혀를 차며 탄식하기를, "좋지 못한 시대에 태어나 이런 극심한 변란을 만났으니, 차후에 이곳에서 술을 다시 마실 수나 있을는지 알 수 없네."라고 하면서 처연히 눈물을 흘렸다.

이때 높은 곳에 올라 멀리 바라보니 연기가 하늘에까지 닿아 가득한 데다 적에 관한 기별이 더욱 다급하였다. 나는 종숙(從叔: 5촌숙, 협주: 이때 都章 아재는 변방에 수자리하러 갔다가 아직 돌아오지 않았다.) 집의 어른과 아이들을 불러 함께 나서서 족숙(族叔, 협주: 都應星)의 집에 이르렀는데, 이런 사정을 모두 고하니 족숙 또한 두려운 듯 문을 나서서 우리와 함께 길을 떠났다. 이를 보던 사람 중에 어떤 사람이 실없는 말로 놀리며 말하기를, "적들이 너의 집에만 먼저 왔더란 말인가? 어찌 그리도 서둘러 떠난다는 것이냐?"라고 하면서 만류하였지만, 우리는 모두 따르지 않고 길을 떠나갔다.

개태(介台: 개터)의 소나무 아래에 앉아서 마을을 내려다보고 멀리 조상들의 무덤을 쳐다보면서 한숨을 쉬며 서글프게 장탄식하여 말하기를, "대대로 내려온 집들도 장차 잿더미가 될 것이고 조상의 무덤 자리도 필시 황량한 언덕이 될 것이로다."라고 하니, 우리 모두가 눈물을 흘리면서 서성이며 차마 떠나지 못하였다. 어두워지기 시작할 때쯤에야 산점(山店: 산 어귀의 가게)에 이르렀는지라, 정담사(鄭淡沙)의 집을 빌려서 머물렀다.

다음날 여러 친족이 모두 모였는데, 이날 밤에 이양덕(李陽德: 李陽得의 오기) 아재가 술을 허리춤에 차고 와서 여러 친족을 불러 마시다가 몇 순배가 돈 다음 자리를 파했다.

이곳에 온 지 며칠이 되었지만, 적에 관한 기별을 듣지 못하였다.

四月二十日。

埋家寶, 齎衣粮而坐, 適家有薄醪, 與族兄是春[9] · 金叔輅[10]飮。金叔, 擧盃咄歎曰: "生丁不辰[11], 遭此極變, 未知此後其得復飮於斯耶?"因悽然泣下。時登高望遠, 煙氣接天, 賊奇愈急。余招從叔家老少【時章叔[12], 戍邊未還】, 與之偕出, 至族叔【應星[13]】家, 以此

---

9 是春(시춘): 都是春(1564~1626)은 성주도씨 10세손 孟寧 → 2남 匀 → 2남 鉉輔 → 1남 시춘으로 이어지는 성주도씨 14세손이니, 두 사람은 6촌 재종형제간임.

10 金叔輅(김숙로): 성주도씨 족보에 따르면 11세손 衡의 사위가 金璟이고, 그 아들이 金潤袞 · 金應袞 · 金遇袞이며, 김윤곤의 아들은 金軸, 김응곤의 아들은 金轃, 김우곤의 아들은 金輅로 나오는바, 金輅는 도세순과 형제 항렬이라서 본문의 내용과 맞지 않음. 그러나 海平金氏 족보에 의하면 도세순의 증조부인 都匀의 매부가 金璟이며, 김경의 아들은 金潤袞 · 金應袞 · 金遇袞이고, 김윤곤의 아들은 金軸, 김응곤의 아들은 金轃, 김우곤의 아들은 金輅인바, 이때 김로는 도세순과 叔行이라서 본문의 내용과 부합한다. 다만 5월 29일자 金叔의 협주에서 潤袞으로 단 것은 후세의 누군가가 착각한 것으로 보인다. 앞으로 해평김씨 인물과 관련된 주석은 해평김씨 족보를 따른다.

11 不辰(불신): 제 때를 만나지 못함.

12 章叔(장숙): 從叔 都章. 종숙이라면 조부 台輔의 형제인 鉉輔와 用輔의 아들이어야 하나, 『星州都氏大同譜(2013)』에서 찾을 수 없었다.

俱告, 叔亦悚然出門, 與我並行。觀者, 或譏曰: "賊先到爾家乎?
何其早動耶?" 因止之, 皆不從而去。坐於介台[14]松下, 俯瞰閭巷,
望見祖墳[15], 喟然長嘆曰: "世傳家舍, 將爲煨燼, 一坏先隴, 必作
荒丘." 皆涕泣而盤桓[16], 不忍去。薄暮[17], 到山店[18], 借留鄭淡沙
家。明日, 諸族咸集, 是夜李叔【陽德[19]】, 佩酒而來, 邀諸族飮, 數
盃而罷。來此有日, 賊奇無聞。

---

13 應星(응성): 都應星(생몰년 미상)은 성주도씨 10세손 孟寧 → 1남 衡 → 1남 熙胤
→ 1남 應星으로 이어지는 성주도씨 13세손으로 도세순과 7촌 재당숙임.

14 介台(개태)*: 개터. 성주군 벽진면 운정리. 나복실의 앞마을 개울 옆에서 큰 은행나
무가 있는 안마을 주위를 이르는데, 지금은 은행정이라고도 한다. 뒤의 갈마산과
나부산이 개가 누워져 있는 모양과 같아서 개터라는 지명이 붙었다고 하기도
하고, 산이 있고 두 줄기 내가 흐르는 지형의 가운데에 자리를 잡고 있어서 그
모양을 글자(介)로 나타내어 지명이 되었다고 하기도 한다.

15 祖墳(조분)*: 조상의 무덤. 도세순의 증조 都均의 무덤은 개터의 뒷산에, 6대조
都安과 5대조 都以敬의 무덤은 나복실 안쪽에 있어서 보이며, 또 도세순이 앉아
있던 자리의 앞쪽으로는 부친 都夢麒와 7대조 都允吉의 무덤이 있어서 볼 수
있었다.

16 盤桓(반환): 어정어정 머뭇거리면서 그 자리에서 멀리 떠나지 못하고 서성이
는 일.

17 薄暮(박모): 해가 진 뒤로 껌껌하기 전까지의 어둑어둑해지는 어둠.

18 山店(산점)*: 개터의 북쪽으로 1㎞ 위에 상점복, 하점복, 산전이란 마을이 있는바,
안봉의 입구에 있는 마을의 산점은 이 근처로 추측됨.

19 陽德(양덕): 李陽得의 오기인 듯. 도세순의 큰 증조부인 성주도씨 11세손 都衡의
사위가 星山李氏 李格인데, 그의 아들이 이양득이니 도세순에게 叔行이다.

4월 25일

적이 현풍(玄風)을 함락했다는 소식을 듣고 산점(山店)에서 맨 먼저 나와 산에 올랐는데, 이양덕(李陽德: 李陽得의 오기) 아재가 말하기를, "어찌 그리도 경솔히 움직인단 말이냐? 오늘은 잠시 머물러 우리와 같이 의논하여 대처해도 또한 괜찮지 않겠냐?"라고 하였지만, 우리는 대답하지 않고 가버렸다. 중봉(中峰)에 올라 강의 왼쪽을 되돌아보니 연기가 하늘에 자욱하였다.

잠깐 쉬며 서로 이야기하고 있을 즈음, 배협(裵協)이 내달려와서 같이 방목암(放目菴)으로 가니 배협의 가솔들은 이미 이곳에 와서 임시로 지내고 있었다. 다음날 이순경(李舜卿)·배득보(裵得黼) 또한 왔다. 이날 저녁에 배득보가 송아지를 잡아서 쇠고기 몇 점을 보냈고, 집에서는 쑥떡을 쪄서 꿀을 발라 올렸다.【협주: 배득보의 모친과 아내가 함께 왔다.】

四月二十五日。

聞賊陷玄風, 自山店, 首出登山, 李叔陽德曰: "一何[20]輕動乎? 今日小停, 與我等, 同議處之, 不亦可乎?" 余等不應而去。上中峰, 回望江左, 烟氣暗天。小休相語之際, 裵協馳到, 同往放目菴[21], 裵家屬, 已寓於此矣。明日, 李舜卿·裵得黼, 亦來。是夕, 得黼宰小

---

20 一何(일하): 어찌 그리도.
21 放目菴(방목암)*: 뒷산인 안봉사가 있는 안산과 개터 뒤편 玆山 사이에 있었을 것으로 추측되는 암자.

犢, 送肉數條, 家蒸艾餠[22], 和蜜而進。【得鱅母氏及妻, 並來.】

4월 27일

방목암(放目菴)에 있으면서 서로 협의하여 말하기를, "이곳은 사람
이 많은데다 살펴본 바로는 번잡하고 바빠서 오래 머물 수가 없으니,
즉시 방목암의 서쪽 봉우리 밖에다 땔나무를 잘라 주위를 둘러치고서
임시로 숙식할 곳을 만들고는 배협(裴協) 일가 및 여러 아재의 가솔들
과 같이 거처하되, 아무리 다급하고 갑작스러운 변고가 있더라도
부디 서로 돕고 보살펴서 생사를 같이하기로 약속하자."라고 하였다.
날이 저물었을 때 주성(州城: 성주성)을 바라보니, 적이 이미 성을
점거하여 횃불이 성 안에 가득하여서 그 불빛이 밤하늘에 사무쳤다.

四月二十七日。

在放目, (相)與協議曰: "此處人多, 所見煩劇, 不可久留, 卽於
菴之西峰之外, 斬柴圍環, 假作宿食之所, 與裴協一家及諸叔家
屬同處, 約以爲雖有急遽之變, 須相救扶持, 以共死生."云。暮望
州城[23], 賊已據之, 炬火[24]滿城, 光徹雲宵。

---

22 艾餠(예병): 멥쌀에 삶은 쑥을 넣고 빻아 쳐서 치댄 후, 얇게 밀어 볶은 콩가루를
   묻힌 떡.
23 州城(주성)*: 星州城. 현재 성주군청이 있는 장소. 개터에서 5㎞ 떨어진 곳이다.
24 炬火(거화): 횃불.

4월 28일

아침에 고약한 불이 사방에서 일어나 연기와 불길이 하늘을 덮고 있으니, 대낮에도 어두워서 길을 잃을 정도로 지척을 분간할 수 없었다. 사람들이 모두 놀라고 당황하여 갈 곳을 알지 못하다가 수풀 속으로 도망가서 숨었다. 잠깐 사이에 왜적이 산봉우리 위까지 올라와 소리를 지르며 돌을 굴리니 그 소리가 바윗골을 진동하자, 더욱 가슴이 두근거리며 심장이 찢어지는 듯해 다급하게 일어나 냅다 달려서 골짜기로 점점 깊이 들어갔지만, 가군(家君: 都夢麒)은 샛길로 다른 곳으로 간 바람에 사형(舍兄: 都世雍)이 찾아 모시고 와서 바위 밑에 기대어 앉았다.

해가 서산으로 기울기 시작하여 스스로 헤아려 보건대, 주성(州城: 성주성)까지는 가까운 거리가 아닌 데다 적들은 필시 이미 갔을 것이라서 모두 나왔다. 그러자 얼마 되지 않아서 어떤 사람이 목숨을 걸고 달려왔는데, 그 이유를 물으니 적에게 쫓기는 중이라고 하여 마침내 도로 바위틈으로 들어갔다. 주위에 있는 사람들이 몹시 목말라 하자, 사형(舍兄)이 적들이 물러나기를 기다렸다가 물을 바가지에 가득하도록 길어서 왔다. 마른 목구멍을 축이고서야 싸 가지고 온 밥을 먹었다.

날이 저물어서야 부막(蔀幕: 풀로 지붕을 가린 막사)으로 돌아왔다.

【협주: 오늘은 단지 왜적 2명만 왔다.】

四月二十八日。

朝兇火四起, 烟焰漲天, 白日迷暗, 咫尺不可辨矣。人皆怖懼,

罔知所之, 竄伏林中。須臾[25], 賊登峰上, 叫噪轉石, 聲震巖壑, 益
膽栗心摧, 急起疾走, 轉入深谷, 則家君[26]歧往他所, 舍兄[27]尋奉
來到, 賴巖底而坐。日昃自度, 州城不邇, 賊必已去, 皆出來。俄
有一人, 舍命[28]而趍來, 問其故, 則爲賊所逐云, 遂還入其巖罅。
左右渴甚, 舍兄俟其賊退, 汲水滿瓢而來。漬乾喉而飮, 因食其
齋飯。暮還蔀幕[29]。【今日, 只有二賊來.】

---

25 須臾(수유): 시간적 개념으로서 잠깐 동안을 이르는 말.

26 家君(가군): 남에게 자기의 아버지를 이르는 말. 都夢麒(1542~1594)를 가리킴.
    본관은 星州, 자는 仁叔. 부인은 江陽李氏 李良受의 딸이다.

27 舍兄(사형): 자기의 형을 남에게 겸손히 일컫는 말. 都世雍(1569~1626)을 가리킴.
    자는 時哉, 호는 杏山. 한강 鄭球의 문인이다. 첫째 부인은 星山呂氏 呂允恭(1614
    년 졸)의 딸이며, 둘째 부인은 海州鄭氏 鄭聖範(1662년 졸)의 딸이다.

28 舍命(사명): 목숨을 걸음. 필사적임.

29 蔀幕(부막): 풀로 지붕을 이은 작은 막사.

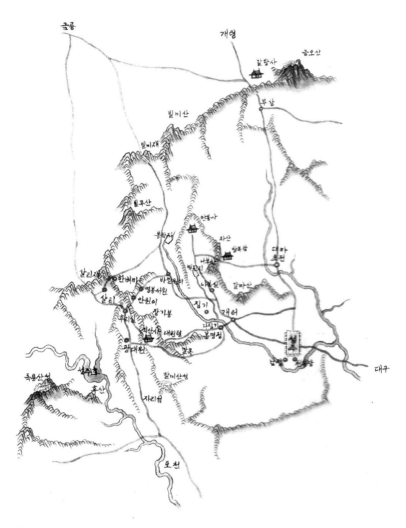

벽진 개터

출처: 『용사일기』(도두호 역, 김현철 그림, 새박, 2009), 12면.

4월 29일

사방에서 어지러이 이글거려 겁이 덜컥 나는 불길이 전일보다 심하였다. 우리는 새벽에 일어나 막 밥을 먹으려는데, 승려가 달려와서 말하기를, "적이 산의 북쪽 기슭에서부터 에워싸고 오면서 수색하는데 살기가 몹시 모질다고 하니 어찌하여 속히 떠나지 않으십니까?"라고 하자, 모두가 아연실색하여 밥을 물리치고 말하기를, "오늘 죽겠구나."라고 하였다.

인하여 억지로 공보(公甫) 이순경(李舜卿)을 불렀으니, 산속의 험준한 형세와 화(禍)를 피할 수 있는 곳을 알고 있기 때문이다. 그에게 앞을 인도하도록 하고서 길을 떠나 어제 머물렀던 바위 위에 다다라 자못 머물러 있으려고 하자, 공보가 말하기를, "어제 단지 적 2명만을 보고도 모두 허둥지둥 갈 곳을 몰라 했었는데, 하물며 오늘이야 말할 나위가 있겠는가? 참으로 자네의 말을 따른다면 커다란 화를 회피하기가 어려울 것이네."라고 하였다. 마침내 옷소매를 올리고서 산을 올라가며 약속하여 말하기를, "제가 먼저 가서 왜적이 없으면 곧바로 휘파람을 불 터이니, 그대들은 그 소리를 따라 오세요."라고 하니, 모두 부응하였다. 나뭇가지를 부여잡고 물고기가 차례로 꿰어져 있듯이 기어올라서 산봉우리 위에 이르자, 사방에서 허둥지둥 피난 온 자들로 수선스러웠다. 마침 김 대부(金大父, 협주: 金遇瓮)를 만났는데 피난 가서는 안 될 곳을 곧바로 알려주었다.

그리고 또 내려다보니 나무가 무성하고 숲이 우거졌는지라, 밧줄에 매달려서 뒹굴며 내려와 바위 밑에 앉아 쉬었다. 일행 중에 다쳐서 울지 않는 사람이 없었다. 조금 뒤에 불길이 산점(山店)에서 솟았는데 그 거리가 멀지 않았고 산꼭대기에까지 포성이 점점 가까워지자, 사람들은 모두 몸을 구부리고 엎드렸는데 어린 동생이 울려고 하여 급히 젖을 물려서 울음소리가 나지 않도록 하였다. 이윽고 두 사람이 앞 산봉우리에서 뒹굴며 내려왔는데, 가까이 오니 곧 도응진(都應震: 도응성의 셋째 동생) 족숙과 김로(金輅: 김우곤의 아들) 아재였다. 우리들을 보고서 몹시 놀라며 말하기를, "어찌 편히 앉아 있느냐? 우리들 또한 적에게 쫓기고 있으며, 적들이 자취를 뒤쫓아 여기까지 올 것이다."라고 하자, 그 말을 듣고 모두 바위 벼랑을 따라 뛰어내려 왔다. 이때 배협(裵協)은 노모가 있는 데다 그의 처 또한 임신 중이라서 모두 잘 걸을 수 없었으니, 배협이 부축하여 끌고 내려왔다. 미처 어찌할 사이 없이 매우 급작스럽기가 그지없어서 두 눈에 눈물이 절로 흘러내렸다.

가파른 고개를 곧바로 넘어서 전현(箭峴: 살티)으로 달려들어 가서 뒤로는 나무로 가리고 앉았다. 배협 및 사형(舍兄: 도세옹)에게 산봉우리 위로 올라가 적들의 거취를 살피게 하였다. 오래지 않아 배협이 먼저 와서 말하기를, "적이 산의 외곽에서 곧장 성주(星州) 가는 길로 향했다."라고 하였다. 이윽고 불길이 산 밑에서 일어났는데, 공보(公甫: 이순경)를 시켜 가서 살피게 하였더니, 이는 들판에 불을 질러서 적을 맞이하려는 것이었다.

얼마 되지 않아 한 사람이 깜짝 놀란 채로 지나가서 그 까닭을 묻자, 적의 선봉이 이곳으로 몰려온다고 하니, 앉아 있는 곳 또한 위태로웠다. 기다리던 우리 모두 간담이 서늘해져 달아나려 했으나, 사형(舍兄: 도세옹)이 아직 돌아오지 않은 까닭에 차마 서로 떠날 수 없었다. 또 배협이 이미 탐문하여 적이 향하는 곳을 알아낸 까닭에 그의 말을 다 믿을 수가 없었으나, 마음이 스스로 편치 못하여 앉아서 요행을 바라고 있었다. 자친(慈親: 어머니, 江陽李氏)은 눈물을 줄줄 흘리며 복일(復一)과 예일(禮一)을 어루만지면서 말하기를, "내가 너희들과 같이 죽어서 저승에 이르러서야 서로 헤어짐이 없겠구나."라고 하니, 듣는 사람들이 가련하게 여기지 않은 이가 없었다.

잠시 후에 바람 소리와 새 울음소리를 듣고서 적들이 들이닥친 것으로 여기고 모두 놀라서 몸을 솟구쳐 내달려 산봉우리 위에까지 이르니, 적군은 이미 가버린 뒤였다. 그러나 사형(舍兄: 도세옹)은 또한 오는 곳을 몰라 물러날 만한 곳을 생각하며 숲속에 엎드려 사방을 빙 둘러보면서 불러보았으나 형체나 흔적이 조금도 없었다. 부모는 헤아릴 수가 없자 형이 화를 입은 것으로 생각하고 울부짖느라 분주하다가 함께 죽고자 하더니, 또 배협을 돌아보고서 말하기를, "자네는 내 자식과 함께 가서 망을 보았으면 본디 같이 돌아와야 마땅한데, 자네는 혼자 먼저 돌아왔으니 내 자식을 어디에다 두었단 말인가?"라고 하자, 배협 또한 근심하며 답답하여 어찌할 바를 몰랐다.

내가 통곡하면서 내려가 언성을 높여 크게 부르짖었다. 한참 뒤에 산 위에서 문득 대답하는 소리가 있었는데, 먼곳에서부터 점점 가까워지더니 바로 사형(舍兄)이었다. 김로(金輅: 김우굉의 아들) 아재가 고개에 올라와서 소리를 질러 말하기를, "과연 네 형이란 말이냐?"라고 하였다. 내가 "예, 예."라고 하니, 아재가 인하여 내 부모에게 고하였다. 부모는 즉시 눈물을 거두고 먼저 돌아갔다. 나는 남아서 형을 기다렸는데, 만나게 되자 기쁨의 눈물이 더욱 옷을 적셨다. 이때 사람들은 많이 서로 잃고 헤어져서 통곡하는 소리가 땅을 진동하였는데, 형제가 함께 방목암(放目菴)으로 갔다.

부모가 여러 친족들과 함께 몹시 기다리고 있다가 보게 되자, 가군(家君: 도몽기)은 울며 형의 등을 어루만지면서 말하기를, "네가 만약 불행한 일을 당했다면 늙은 애비는 누구를 의지한단 말이냐?"라고 한 뒤에 이윽고 늦은 이유를 물었다. 이에 형은 눈물을 훔치며 대답하기를, "저는 산등성마루에서 망을 보았는데, 적이 산봉우리 위에서 오는 것을 보고는 나뭇가지 꺾어 몸을 가리고 나무에 붙어 서 있었습니다. 조금 있다가 뒤편으로 발자국 소리가 나서 급히 돌아보니, 왜적 한 놈이 소리를 크게 지르며 갑자기 달려들었습니다. 저는 가벼운 몸으로 달아나 피해서 암벽에서 멈추었는데, 그 아래로 몇 길이나 되는 낭떠러지라서 나아갈 수도 물러설 수도 없었는지라, 마침내 등나무 줄기를 몸에 감고 매달려서 아래로 내려가 그 밑에 숨었습니다. 오래지 않아 갑자기 괴상한 소리로 냅다 질러서 앉은 자리의 뒤편을 살펴보았더니, 왜적 두 놈이 모여 있었습니다. 단지 그 사이에 숲 하나만 가렸을 뿐 겨우 다섯 걸음 정도였습니다. 벌떡 일어나 재빨리 달려 높은 봉우리를 넘어서 겨우 죽음을 면하였습니다."라고 하자, 들은 자들은 감탄하지 않은 이가 없었으며, 마치 다시 살아난 사람처럼 보았다.

이윽고 밥을 먹은 뒤 포시(晡時: 오후 4시 전후)쯤에 부막(蔀幕: 풀로 지붕을 가린 막사)으로 돌아왔는데, 감추어 두었던 옷과 재물은 하나도 노략질 당하지 않았지만 다만 말 1필은 끌고 가 버렸다. 종숙(從叔: 都章)의 노비인 은지(銀之)가 말하기를, "제가 부막 가에 엎드려 숨어 있다가 들었습니다. 왜적 두세 명이 부막에 이르러 장차 불태우려 하자, 한 왜적이 제지하며 말하기를, '이 집주인은 밤에 반드시 올 것이니 우리들이 만약 나가 있다가 불시에 노략질하면 소득이 필시 많을 것이다. 그러니 불지르지 말자.'라고 하고는 서로 한참 이야기를 나눈 후에 흩어져 갔습니다."라고 운운하였다. 대개 왜놈의 말을 알아듣지 못했을 터이라 노비 은지의 이 말은 망령되고 허탄하여 이해할 수 없었다. 그러나 막사를 불태우지 않았을 뿐만 아니라 감추어 두었던 비단옷도 훔쳐 가지 않았던 까닭에 도리어 의혹스러워 돌아갈 곳을 정하지 못하였다.

망설이며 결행하지 못하는 중에 날은 이미 어두워 컴컴해졌고, 또 멀리 대야(大夜: 한배미)의 여러 마을을 바라보니 불길이 아직 남아 있는지라 적이 그곳에 주둔해 있으면서 장차 이곳으로 엄습하려는 것으로 생각하였다. 사람들은 모두 얼굴빛이 하얗게 변하며 두려워 떠니, 배협이 말하기를, "일이 다급합니다. 우리들은 각자 집이 있는 곳으로 돌아가서 수풀 속에 쥐처럼 숨어 있어야만 또한 화를 면할 것인데, 어찌 이곳에 매어 함께 죽는단 말입니까?"라고 하자, 모두 자신의 옷가지들을 버리고 맨 몸으로 길을 떠났다. 산길이 가파르고

험한데다 비바람까지 또 일어서 몸을 굽히고 서로 붙들고서 내려왔
다. 점촌(店村) 앞에 이르러 안봉사(安峰寺) 승려를 만났는데, 계승(桂
崇, 협주: 이 승려는 임인년(1524) 생으로 나를 병구완해 준 은혜가 있다.)
승려가 피살되었다는 소식을 들었다.

이때부터 빗줄기가 더욱 거세어진 데다 밤이라 매우 캄캄하였다.
따라오던 사람들이 모두 길을 잃고 흩어졌다가 곧바로 서로 부르면
그 부르는 소리에 응하여 모이곤 하였다. 오직 도복일(都復一)만이
대답이 없었는데, 아직 오지 않은 것으로 여기고 기다렸다. 시간이
흘렀지만 끝내 종적이 막막하자, 배협이 자기 가솔들을 이끌고 먼저
사두곡(沙頭谷)으로 향했지만 우리들은 비를 무릅쓰고서 우두커니
서 있었다. 내 스스로 생각건대 창두(蒼頭: 사내종) 윤금(閏金)이 필시
들쳐 업고 먼저 갔을 것이라서 마침내 길을 떠났다. 그러나 진흙탕
길이라 매우 미끄러워 모두 길에 엎어지고 자빠져서 다치지 않은
사람이 없었다.

서원(書院: 천곡 서원) 앞에 이르러 멀리 바라보니, 먼 곳이든 가까운
곳이든 촌락에 고약한 불이 꺼지지 않았다. 개짖는 소리가 끊이지
않았는데 왜적이 온 것으로 의심되어서 황급히 개태(介台: 개터)의
종숙(從叔) 집에 되돌아오니, 복일이가 과연 먼저 와 있었다. 복일이
가 먼저 도착해서 울고 있다가 말하기를, "아버지, 어머니 어찌하여
이리도 더디 오셨나요?"라고 하더니, 우리를 보고서는 기쁨이 얼굴
빛에 어리었다. 집안일 및 적의 형세를 물어보니, 늙은 종 명복(命復)
이 말하기를, "집은 29일에 잿더미가 되었고, 또 종 은복(銀卜)은

포로로 잡혀갔다."라고 하였다. 모두 슬피 탄식하며 눈물을 흘렸다.

또 산을 넘고 물을 건넌 나머지 기력이 떨어져 막 조금 쉬려는데, 종이 말하기를, "이제 바야흐로 적이 올 때입니다."라고 하니, 잠깐이 라도 머물지 못한 채로 곧장 배응보(裵應黼)의 선산(先山)으로 달려 들어가 계집종에게 밥을 지어 오도록 하여 그릇 하나에 담아서 함께 먹었다.【협주: 큰 집은 비록 이미 탔을망정, 사당만은 불길을 면하였으나 이해 겨울에 이르러 또한 불타서 잿더미가 되고 말았다.】

四月二十九日。

四方焚㤼之火, 甚於前日。余等晨興方食, 僧奔告云: "賊自山 之北麓, 圍而來搜, 殺氣甚酷云, 何不速去也?" 皆憮然[30]却食, 曰: "今日則必死矣." 因强邀李舜卿公甫, 以爲知山中阻險可避禍之 地。使之前導, 而行抵昨日巖上, 頗欲止在, 公甫云: "昨日, 只見 二賊人, 皆蒼黃不知所之, 況今日乎? 誠用君言, 大禍難逃耳." 遂 揚袂而登, 約曰: "吾先道而無倭, 則輒嘯, 公等從其聲而來." 皆應 之。攀緣[31]魚貫而進至峰上, 四方奔避者旁午[32]。適遇金大父【遇 㞫[33]】, 乃指示不可避之所。而且俯見, 則蔚然蓊翳, 逐縋[34]轉而下,

---

30 憮然(무연): 아연실색함.
31 攀緣(반연): 휘어잡고 의지하거나 기어 올라감.
32 旁午(방오): 왕래하는 사람이 많아 붐비고 수선스러움.
33 遇㞫(우곤): 金遇㞫. 도세순의 증조부인 都匀의 매부가 金璟이며, 김경의 아들은 金潤㞫·金應㞫·金遇㞫인바, 김경의 셋째 아들이다.
34 逐縋(축추): 追縋. 밧줄에 매달림.

坐於崖底憩焉。一行之人, 無不毀傷涕泣者。小頃, 火起山店, 其
去不遠, 巔頂炮聲漸近, 人皆鞠躬跧伏, 少弟[35]欲泣, 急以乳沮其
聲。尋有兩人, 轉下前峯, 近則乃族叔【應震[36]】・金叔【輅】也。見余
等, 愕然曰: "何其安坐耶? 吾亦爲賊所逐, 而賊追踪到此耳." 聞其
言, 皆緣崖投下。時裵協有老母, 其妻亦妊, 皆不能步, 協以腋扶
而曳下。蒼黃罔極, 淚自雙垂。徑踰峻嶺, 走入箭峴[37], 後屛樹而
坐。令裵協及舍兄, 送于峰上, 覘賊去就。未久, 協先來云: "賊自
山外, 直向州路矣." 旣而, 火起山底, 使公甫往視之, 是野火所迎
者也。尋有一人, 蹶然[38]而過, 問之則賊鋒來此, 坐處亦可危矣。
等皆喪膽[39]欲走, 而舍兄未還, 故不忍相離。且裵協已探, 知賊之
所向, 故厥言未可盡信, 然心不自安, 坐冀僥倖。慈親泫然[40]撫復
禮, 曰: "吾與若, 同死一時, 至於幽冥之間, 毋相違矣." 聞者莫不
憐之。有頃, 聞風聲鳥鳴, 以爲賊至, 皆聳動疾走, 到于峰上, 則賊
兵已去。而舍兄且無來處, 意其退, 伏於叢林, 周視其四方而招

---

35 少弟(소제)*: 대동보에서는 확인할 수 없으나, 都禮一(1589년생)이라고 함.

36 應震(응진): 都應震(1544~1604)은 성주도씨 10세손 孟寧 → 1남 衡 → 1남 熙胤
→ 3남 應震으로 이어지는 성주도씨 13세손으로 도세순과 7촌 재당숙임. 앞서
나온 都應星의 셋째 동생이다.

37 箭峴(전현)*: 살티. 금수면 후평리에 있는 마을. 웃살티와 아랫살티가 있는데,
웃살티로 피난 갔다. 여기서 大夜(한배미)와는 1㎞이며, 옆에는 김천시 조마면과
통하는 살티재가 있다.

38 蹶然(궐연): 놀라는 모양.

39 喪膽(상담): 간담이 서늘해짐.

40 泫然(현연): 눈물이 줄줄 흐르는 모양.

之, 稍無形跡。父母叵測[41], 謂其遭禍, 呼哭奔走, 欲與同死, 且顧
裴協, 曰:"汝與余子, 同往眺望, 固宜同還, 而汝獨先來, 使余子置
之何處乎?"協亦憂悶罔措。余痛哭而下, 厲聲大呼。良久, 山上
忽有應聲, 自遠漸近, 乃舍兄也。金叔【輅】登嶺, 呼曰:"果是汝兄
乎?"曰唯唯, 叔因告于余父母。父母卽收泣, 先還。余留而待兄,
及見喜淚益沾。於是, 人多相失, 呼哭之聲, 動地, 兄弟具往放
目。父母與諸族, 苦待之, 及見, 家君泣而撫兄背, 曰:"汝若不幸,
老父何所依耶?"因訊其故。兄乃拭淚而答曰:"吾眺望山脊, 見賊
自峰上來之, 吾折柴蔽身, 依樹而立。俄頃, 後有跫音, 急顧視之,
有一賊大聲猝入。吾輕身走避, 止於巖壁, 其下數仞, 進不得退,
遂縋藤裹身, 而下匿其底。未幾, 忽有怪聲哮吼, 座後窺視, 則有
兩賊蒐之。而其間只隔一林, 纔五步之內也。暴起迅走, 經越高
峰, 僅以獲免。"云, 聞者莫不感歎, 如見再生之人也。因喫飯, 哺
時[42]來部幕, 則所藏衣貨, 一不掠取[43], 而但馬一匹, 牽去耳。從叔
婢銀之云:"婢伏於幕邊, 聞之。賊數三到于幕, 將焚之, 有一倭止
之曰:'此主人夜必來, 吾屬若出, 其不意掠之, 則所得必多。請勿
燒之。'相與語良久, 後散去。"云云。蓋倭語不可通譯, 婢之此言,
妄誕無理。然非徒不焚其幕, 所藏綺衣, 亦無所犯, 故反以疑惑,

---

41 叵測(파측): 헤아릴 수 없음.
42 哺時(포시): 오후 3시부터 5시까지.
43 掠取(약취): 약탈함. 탈취함.

莫定所歸。猶豫[44]之中, 日已昏黑, 又望見大夜[45]諸村, 火焰未盡, 以爲賊屯宿於彼, 而將奄襲於此也。人皆失色戰慄, 裵協云: "事急矣。余等各還家基, 鼠竄林藪, 亦以免禍, 安能繫此而骿死也?" 皆棄其衣物, 脫身而行。山路險阻, 風雨又作, 傴僂[46]提携而下。至店村前, 遇安峰[47]僧, 聞僧桂崇被殺。【此僧壬寅生, 於吾有救病之恩.】自此雨勢愈急, 夜甚晦暗。從者皆迷路而散, 卽相呼應聲而聚。唯復一[48]無響, 以爲未及來, 待之。移時[49], 竟寂踪迹, 裵協携其家屬, 先向沙頭谷, 余等冒雨佇立[50]。自度蒼頭閏金者, 必負而先往, 遂發行。而泥濘濶甚, 皆顚仆於路, 無不傷毀者。至書院[51]前遙望, 遠近村閭, 兕火未滅。鳴吠不絶, 疑以爲賊, 急還介台從叔家, 則復一果先來矣。復一先到而泣曰: "父母來何遲?" 及見, 喜動顏色。問家事及賊勢, 老奴命復云: "家舍, 二十九日灰燼, 且

---

44 猶豫(유예): 망설여 결행하지 않음.
45 大夜(대야)*: 한배미. 벽진면 봉학리. 산골짜기 좁은 길을 지나 깊숙이 들어가 있지만 상당히 넓은 논밭이 있다.
46 傴僂(구루): 몸을 굽힘. 허리를 굽힘.
47 安峰(안봉)*: 安峰寺. 안산영당(벽진면 지산리 중리마을 뒷산)이 있는 곳. 유적과 유물은 없고 고려시대에 조성한 작은 미륵석불과 그 전각만 남아 있다. 이곳에서 한배미까지는 서쪽으로 5km이다.
48 復一(복일)*: 도세순의 바로 밑 동생. 전란 속에서 1593년 굶주림으로 죽었다.
49 移時(이시): 잠시. 잠깐. 짧은 시간이 흐름.
50 佇立(저립): 우두커니 머물러 섬.
51 書院(서원)*: 川谷書院을 가리킴. 1558년에 迎鳳書院으로 창건된 후, 寒岡 鄭逑 등이 개칭하였고, 1868년에 훼철되었다.

奴銀卜, 被虜而去." 爾皆悲歎垂淚. 又跋涉[52]之餘, 氣力困憊, 方
欲小息, 奴云: "此方賊來之時也." 不可頃刻留滯[53], 卽走入裵應麟
墓山, 令婢炊飯而來, 置於一器而共食.【大家雖已焚, 而祀宇獨免火,
至是年冬, 亦爲焚燼.】

4월 30일

빗줄기가 더욱 세차서 축축히 젖은 괴로움을 견디기 어려워 배의
수(裵義守)의 집으로 와서 불을 피워 옷을 말렸다. 이윽고 점심을
먹은 후에 부모는 어린 동생들을 손잡고 다시 배응보(裵應麟)의 선산
(先山)으로 향했으며, 나와 형은 송공(宋公: 宋師顯, 도세순의 대고모부
이자 宋遠度와 宋遠器의 아버지)의 선산으로 가서 어린 소나무의 아래에
앉았다. 이때 며칠 계속 비를 만나니 몸에 걸친 옷이 죄다 젖어서
찬 기운이 뼈에까지 사무쳤고, 또한 침상에 자지 못한 것이 이미
오래된 까닭에 형은 팔뚝을 괸 채로 꾸벅꾸벅 졸았다. 내가 형을
불러 깨워서 함께 묘소 곁으로 와 멀리 수촌리(樹村里: 징기)를 바라보
니, 사람들이 모두 사방으로 분주히 달아나고, 또한 말을 뒤쫓는
자도 있었다. 형제가 서로 울며 말하기를, "저들은 왜적들이니 오래
지 않아 이곳으로 올 텐데 이를 어찌하면 좋을까? 걸수산(乞水山:

---

52 跋涉(발섭): 산을 넘고 물을 건너서 길을 감.
53 留滯(유체): 어떤 곳에 오래 머물러 있음.

빌무산)으로 돌아가려니 부모가 피곤하여 억지로 걷게 할 수가 없고, 우리 둘만 떠나가자니 자식 된 도리로서 차마 못할 일이다. 차라리 어버이 곁에서 함께 죽는 것이 낫겠다."라고 하였다. 마침내 웅크리고 배응보의 선산에 가니, 부모와 누이·동생들 또한 빗속에 졸고 있어서 내가 본 바를 고하자, "죽고 사는 것은 하늘에 달렸으니 다만 천명을 기다릴 뿐이다."라고 하였다. 이날 적이 과연 오지 않았다.

저물녘에 배의수의 집으로 돌아왔는데, 가군(家君: 도몽기)과 형은 홍필봉(洪必逢)의 집을 빌어서 잤고, 자친(慈親: 江陽李氏) 및 나와 누이는 모두 배의수의 집에 머물렀다. 대개 촌락이 고약한 불길에 휩싸였으나 배의수와 홍필봉만은 비를 막는 장막(帳幕)이 보존되어 있었던 까닭에 배응보(裵應輔)의 모친과 그의 처자, 배덕창(裵德昌: 도세순의 6촌 매부)의 처자식들 등 세 집안의 여러 사람들을 아울러서 모두가 이곳에 모였다. 그러나 사람은 많고 집은 좁아 반듯이 누울 수가 없어서 모두 무릎을 맞대고 앉았으며, 게다가 집이 비가 새어 쏟아지 듯하여 또한 마주하여 쬘 만한 모닥불조차 없었으니, 그 중에 곤궁하고 민망스러운 상황을 이루 다 말하기가 어렵다.

한밤중에 배덕창이 와서 말하기를, "왜적이 무참하게 마구 죽이는 참상이 이보다 더 심할 수 없으니, 나는 장차 처자식을 버리고서라도 멀리 달아날 계획이네만 지금 자네는 어떻게 해야겠는가? 자네와 같은 나이 젊은 무리들은 반드시 목을 베고 손발을 끊는다고 하니, 부디 다른 일을 돌아보아 생각지 말고 오직 몸을 보존하는데 주안점을 두게."라고 하였다. 어머니와 자식들은 그 말을 듣고 놀라움에

떨고 간담이 서늘하여 서로 손을 잡고서 눈물을 흘리며 말하기를, "지금 극심한 변란을 만나 형세상 서로 몸을 보존하기 어려운 데다 왜놈들이 젊은 남자 죽이기를 좋아한다고 하니, 너희들은 각자 멀리 달아나 몸을 보존하였다가 살아서 돌아온다면 너희들 일신의 행복일 뿐만이 아니라 또한 부모의 행복이기도 하다. 너희들은 멀리 달아나거라."라고 하였다. 자식들이 대답하기를, "옳지 아니합니다. 부모를 떠나서 오래 산다 한들, 부모를 모시고 같이 죽느니만 못합니다."라고 하니, 어머니가 더욱 비통해 하였다.

나는 홍필봉의 집에 가서 배공(裵公: 배덕창)의 말을 가군(家君: 도몽기)에게 모두 고하였는데, 가군이 말하기를, "적이 비록 죽이기를 좋아할지라도 어찌 모조리 죽이기야 하겠느냐?"라고 하고, 홍필봉 또한 말하기를, "그대는 배공의 거짓되고 과장된 말을 경험하지 않았소? 절대 현혹되지 말고 온돌에 가만히 누워서 몸에 걸친 젖은 옷이나 말리시오."라고 하니, 나는 두려움이 조금 풀렸다. 대개 배공이 처음에는 멀리 달아나겠다고 스스로 약속하였으나 다음날 아침에는 아끼는 가족들과 함께 모두 기와굴 속에 들어가 종일토록 나오지 않았으니, 그가 거짓되고 망령되며 알맹이 없음을 또한 짐작할 수 있을 것이다.【협주: 이날 배득보(裵得輔)의 누이가 죽임을 당하였다.】

四月晦日。

雨勢彌注，不堪濕濡之困，來裵義守家，爇火[54]燎衣。因占心

---

[54] 爇火(설화): 불을 피움.

後, 父母携幼, 還向裵山, 余與兄, 至宋公[55]墓山, 坐於穉松之
下。時連日値雨, 身着盡濕, 寒氣徹骨, 而又未得寢寐者已久, 故
兄肱戰而睡。余呼覺之, 偕來視墳之側, 望見樹村[56], 人皆奔避四
方, 又有逐馬者。兄弟相泣曰:"彼是賊也, 不久來此, 奈何奈何?
欲還乞水, 則父母困, 不能强步, 我二人獨去, 則人子所不忍也。
不如騈死於爺孃[57]之側。"遂踵往裵山, 父母妹弟, 亦冒雨而睡, 余
告所見, 則曰:"死生在天, 只待天命而已。"是日, 賊果不來。暮
還義守家, 家君及兄, 借宿洪必逢家, 慈親及余與妹, 並留義守
家。盖村落擧入兇烟, 而獨裵洪, 雨幕保存, 故裵應麟慈親及其
妻子, 裵德昌[58]妻孥上下, 並三家諸人, 皆會於此。而人多屋窄,
不得偃臥[59], 皆接膝而坐, 加之以屋漏如注, 又無對燎之火, 其中
困悶之狀, 難以盡言。中夜, 裵德昌來言:"倭賊屠戮之慘, 莫甚
於此, 我將捐妻子, 而遠遁爲計, 今君何以爲之? 如君年少之輩,
逢必斬截[60]云, 勿須顧念他事, 惟以保身爲主。"母子聞其言, 驚震

---

55 宋公(송공): 宋師顥(생몰년 미상)을 가리킴. 본관은 冶城. 部將을 지냈다. 都世純
의 증조부인 都勻의 사위로 도세순에게 대고모부이다.

56 樹村(수촌)*: 징기. 개터의 앞마을. 마을에 오래전부터 있어온 커다란 징개나무에
서 그 이름이 유래되었다. 성주도씨의 집성촌이다.

57 爺孃(야양): 부모를 속되게 이르는 말.

58 裵德昌(배덕창, 생몰년 미상): 도세순의 종조부인 都鉉輔의 둘째 아들인 都夢虎의
둘째 사위이니, 도세순과 6촌 매부 사이임.

59 不得偃臥(부득언와): 반듯이 눕지 못하는 것.

60 斬截(참절): 목을 베고 손발을 끊음.

喪膽, 相執手流涕曰:"今遭極變, 勢難相保, 而倭奴嗜殺男丁云,
汝等各自遠遁, 得保生還, 則不啻汝一身之幸, 抑亦父母之幸
也. 汝其遠走." 子對曰:"不可. 如其去父母而永生, 不若侍父母
同死." 慈氏益爲悲痛. 余往洪必逢家, 以裵公言, 具告于家君,
家君曰:"賊雖好殺, 豈能盡殺乎?" 洪亦云:"公不驗裵公之訛言
乎? 千萬勿惑, 堅臥暖突, 以燥其身上濕衣." 余懼慴小弛. 盖裵
公, 初以遠遁自期, 明朝與其所愛, 俱入瓦窟中, 終日不出, 其虛
妄無實, 亦可想矣.【是日, 裵得髄妹氏, 被害.】

5월 1일。맑음。

동틀 무렵 배공(裵公: 배의수)의 선산(先山)으로 뛰어 들어갔다가,
한낮이 되어서 본주(本州: 성주)에 주둔했던 적들이 죄다 금릉(金陵:
金泉)을 향해 갔다는 소식을 듣고 우리들은 개태(介台: 개터)의 종숙
집으로 왔다.【협주: 종숙의 집은 다행히도 불타서 잿더미가 되지 않았다.】
이날 실없이 놀라 산에 오른 것이 두세 번이었는데, 은복(銀卜)
또한 도망하였다가 돌아왔으나 머리를 죄다 깎이고 왜옷을 입었으니
완연히 왜놈과 같았다. 뜰 가운데에 엎드려서 크게 소리내어 울며
말하기를, "처음 사로잡혔을 때 여러 왜놈들이 빙 둘러싸고 서서
서슬이 번쩍이는 칼을 머리에 들이댔는데, 오늘 살아서 고향에 돌아
와 주인님의 얼굴을 다시 뵙게 될 줄 생각하지도 못하였습니다."라고
하니, 들은 사람들은 슬퍼하면서 탄식하지 않은 이가 없었다.

또한 계집종 수정(守貞)이 봉명정(鳳鳴亭)에 숨어 있다가 적에게
사로잡혀서 머리채가 잡힌 채로 끌려갔는데, 그 애미 애정(愛情)이
멀리서 그것을 보고는 허둥지둥 어찌할 줄 몰라 하늘을 보고 울부짖
으며 크게 가슴 아파하면서 엎어질 듯이 자빠질 듯이 뒤를 따라갔다.
적이 칼을 뽑아 칼등으로 두들기는 자가 있었으나 칼날로는 하지
않았던 까닭에, 애정은 왜장(倭將)이 서원(書員: 천곡 서원)에 앉아 있
다는 말을 듣고서 서슬이 번쩍이는 칼날을 무릅쓰고 갑자기 뛰어들어
슬피 부르짖으면서 가슴을 치며 길길이 뛰었다. 비록 왜놈이 잔인하
고 포악한 금수(禽獸)의 성질일지라도 또한 그 모녀의 정에 감응하여
즉시 풀어주도록 하였으니, 바로 4월 29일날 일이었다.

이날 걸수산(乞水山: 빌무산)에 감추어 두었던 물품을 실어 왔다.【협
주: 옷과 재물 및 서책이었다.】

五月一日。晴。

黎明, 投入裵公墓山, 日午, 聞本州屯賊, 盡向金陵[61]而去, 余
等以來介台從叔家。【叔家幸不焚燼】是日, 虛驚登山者再三, 銀卜
亦逃還, 而盡削髮, 衣倭袍, 宛如一倭奴也。伏庭中而哭曰: "初
被執之時, 衆倭圍立, 白刃[62]臨頭, 不圖今日生還故里, 再覩主
顔。"聞者莫不悲歎。且婢守貞, 伏於鳳鳴亭[63], 爲倭所執, 拿挼而

---

61 金陵(금릉): 경상북도 중서부에 있는 고을. 충북·전북·경남 3도와 접경을 이루던
    것이 1995년 김천시와 통합되었다.
62 白刃(백인): 서슬이 번쩍이는 칼.
63 鳳鳴亭(봉명정)*: 樹村(징기)와 伊川을 경계로 마주하고 있는 加樹村(다징기)에

去, 其母愛情, 望見之, 蒼黃罔措, 呼天大慟, 顚沛而尾趁。賊或
有拔劍追撞[64]者, 而亦不以刃, 故愛情, 聞倭將坐書院, 冒白刃突
入, 哀號擗踊[65]。倭雖殘暴禽獸之性, 亦感其母子之情, 卽令放
送, 是乃四月二十九日事也。是日, 輸還乞水山所藏之物。【衣貨
及書冊也.】

5월 5일。아침에는 비 오다가 낮에 갬。

나는 처음으로 관례(冠禮)를 치렀다.

해질녘까지 모두 새집에서 앉았다가 누웠다가 하고는 사람을 시켜
문밖을 내다보게 하였더니, 그 후로 달려들어 와서 말하기를, "왜적
대여섯 명이 말을 달려 수촌(樹村: 징기)에 도착했다."라고 하는지라,
내가 나가서 살펴보니 과연 그의 말대로였다. 나는 마침내 어머니를
모시고 어린 동생들을 손잡고서 집 뒷산으로 달려 들어갔다. 조금
뒤에 사형(舍兄: 도세웅)이 땀을 훔치며 와서 말하기를, "적이 서원(書
院)에서부터 먼 길을 달려와 이미 개태(介台: 개터)에 도착했다."라고
하였다. 그래서 우리들은 갈마산(坺麻山)으로 달려 들어가 소나무
숲의 아래에 숨었는데, 도응진(都應震: 도응성의 셋째 동생) 족숙이 그

있었던 정자. 벽진면 매수리이다.
64 追撞(추당): 주행 중 후방 차량이 앞차 뒷부분을 들이받음.
65 擗踊(벽용): 가슴을 치고 몸부림을 침.

의 처자식을 거느리고 또한 왔다.

시간이 지나자 적이 배의수(裵義守) 집으로 들어가서 옹기(甕器)를 두들겨 깨거나 시끄럽게 떠들며 호통치는 소리가 숲과 골짜기까지 울리니, 우리들은 멀리서 그것을 보고 모두 두려워 얼굴이 하얗게 변해 스스로 필히 죽을 것이라 여겼다. 도응진 족숙은 진흙을 얼굴에 바르고 잠시 피하였다. 이희백(李希白) 및 그의 노복 봉산(逢山)·춘손 (春孫) 등이 개태(介台: 개터)에서부터 적의 후미를 따라서 왔는데, 손으로 지는 해를 가리키면서 적들에게 이르기를, "해가 이미 저문데 다 돌아갈 길이 또한 머니, 마땅히 속히 돌아가야만 하오."라고 하자, 적들은 배의수 집에서 나와 즉시 성주(星州) 가는 길로 내려갔다.【협주: 이때 이희백은 왜패(倭牌: 왜의 符信)를 손에 넣었는데, 왜적들이 비록 그것을 보고서도 놀랄 만큼 의아하게 여기지 않았다.】다만 개태(介台: 개터) 에 감추어 두었던 비단옷 10여 벌을 탈취해 갔다.

날이 저물고서야 개태로 돌아와서는 곧이어 집안의 친족들과 다음 날 새벽에 증산(甑山)으로 피난 갈 것을 약속하였다.【협주: 이때 오직 왜적이 농부만 죽이지 않는다는 소문을 들고서 사람들 모두가 쑥처럼 흐트러진 머리에다 때 묻은 얼굴에 거친 옷을 입고 손수 호미를 쥔 채로 다녔다.】

五月五日。朝雨午晴。

余始上冠[66]。日夕, 皆或坐或臥於新屋, 令人覘於門外, 已而[67]

---

66 冠(관): 冠禮. 전통사회에서 남자의 나이가 15세에서 20세 사이에 상투를 틀고 갓을 씌워주는 의례.

奔入曰: "倭賊五六, 馳到樹村." 云, 余出視之, 果如其言。余遂奉
慈携幼弟, 趨入家後山。小頃, 舍兄揮汗而來曰: "賊自書院長馳,
已到介台." 余等走入竻麻山[68], 匿松林之下, 族叔應震, 率其妻子
而亦來矣。移時, 賊入裵義守家, 或撞破瓮哭[69], 或叫噪大喝, 響
震林壑, 余等望見之, 皆怖懼失色, 自分[70]必死。都叔, 以土塗面,
小避。李希白及奴逢山·春孫等, 自介台, 蹤賊尾至, 以手指其斜
日, 且謂其賊, "日已趁暮, 歸路且遠, 爾當速還." 賊自義守家, 直
下州路。【時李希白, 得爲倭牌, 倭雖見之, 不爲驚訝。】但介台所藏錦帛
衣十餘襲, 掠取而去。暮還介台, 因與門族, 約以明曉往甑山[71]。
【時惟聞倭唯農夫不殺, 人皆蓬頭垢面[72], 又着糲衣, 手自持鋤而行.】

5월 6일

닭이 울자, 여러 친인척【협주: 도몽표·도응성·김로·배덕창·여응곤(余
應袞: 金應袞의 오기)·김우곤·도시춘·도시인·김진·도여개·도덕개】내외

---

67 已而(이이): 그 후. 뒤이어.
68 竻麻山(갈마산)*: 나복실의 동쪽산.
69 瓮哭(옹곡): 瓮器의 오기인 듯.
70 自分(자분): 스스로 추량함. 자기를 ~라 여김.
71 甑山(증산): 경상북도 김천시에 있는 고을. 동쪽은 성주군 금수면·가천면, 서쪽은
   대덕면, 남쪽은 경남 거창군 가북면, 북쪽은 지례면과 접한다. 조선시대에는 성주
   관할이었다.
72 蓬頭垢面(봉두구면): 쑥처럼 흐트러진 머리와 때묻은 얼굴.

의 윗사람과 아랫사람에 이르기까지 모두 40여 명이 함께 나서서 증산(甑山)을 향해 갔다. 대야촌(大夜村: 한배미)에 이르러 아침밥을 지었는데, 서로 의논하기를, "지금 왜적이 날뛰고 있어서 비록 깊은 산이나 궁벽한 골짜기라도 이르지 않을 곳이 없으니, 우리들의 일행은 경솔히 움직여서는 안 되겠으나 오늘 반드시 이 산을 곧장 지나쳐서 밤을 틈타 증산(甑山)에 들어가도록 도모하자."라고 하였다. 이에 그 말대로 행하여 앞으로 나아가 중봉(中峰)에 이르러 각자 나뉘어 흩어졌는데, 멀리 정곡(鼎谷: 솥질) 등의 마을을 바라보니 연기가 치솟고 뿜어져 나와 망설이다 엉금엉금 엎드려 기어가 봉우리 위에서 쉬었다. 얼마 지나지 않아 몇 사람이 앞산을 올라가며 큰소리로 말하기를, "흰옷 입은 세 사람이 말을 타고 대야촌(大夜村: 한배미)으로 갔다."라고 하였다. 우리들은 다시 걸수산(乞水山: 빌무산) 남쪽 기슭에 숨고 사람을 시켜 가서 살피게 하였더니, 흰옷 입은 사람은 바로 여징(呂澄)이었다. 일포(日晡: 오후 4시 전후)에 대야촌으로 되돌아갔었다.

또 듣건대 증산(甑山)이 왜적의 분탕질이 한창 극심하다【협주: 이것은 남에게 속은 것이다.】고 하였으나 별다른 계책이 나오지 않아서 모두 의논하여 운곡(雲谷)으로 돌아가기로 하였다.【협주: 이것은 죽어도 머리를 선산 쪽으로 두겠다는 생각이었다.】

이때 사형(舍兄: 도세웅)이 여러 차례 학질을 앓아 기력이 매우 쇠약해져 초췌하였으나 병을 무릅쓰고 걸었다. 이지러진 조각달이 서산 너머로 지고 산길은 가파르고 험하여 사람들이 대부분 엎드러지거나

미끄러지면서 개태(介台: 개터)에 도착하니 사경(四更: 새벽 2시 전후)
에 이르렀다.

(五月)六日。

鷄鳴, 與諸衆【夢彪[73]·應星·金輅·裵德昌·余應袞[74]·遇袞·是春·是
仁[75]·金輳[76]·汝凱[77]·德凱[78]】內外上下, 並四十餘人, 偕出向甑山而
行。至大夜村, 朝炊焉, 相議曰: "今者, 倭賊橫行, 雖深山窮谷,
無處不至, 吾等之行, 不可輕動, 今日必徑過此山[79], 乘夜入甑山
爲計也。"乃行其言, 進至中峰, 各自分散, 望見鼎谷[80]等村, 烟氣
湧出, 遂匍匐而行, 憩於嶺上。尋有數人, 登前山呼曰: 白衣三

---

73 夢彪(몽표): 都夢彪(생몰년 미상는. 성주도씨 10세손 都孟寧 → 2남 都勻 → 2남
都鉉輔 → 도몽표로 이어지는 13세손으로 도세순에게는 당숙임. 출계한 것으로
나오나 누구에게 양자되었는지 알 수 없다.

74 余應袞(여응곤): 金應袞의 오기. 도세순의 증조부인 都勻의 매부인 金璟의 둘째
아들.

75 是仁(시인): 都是仁(생몰년 미상)은 성주도씨 10세손 孟寧 → 2남 勻 → 2남 鉉輔
→ 2남 시인으로 이어지는 성주도씨 14세손이니, 두 사람은 6촌 재종형제간임.

76 金輳(김진, 생몰년 미상): 도세순의 증조부인 都勻의 매부가 金璟이며, 김경의
아들은 金潤袞·金應袞·金遇袞이고, 김윤곤의 아들은 金軸, 김응곤의 아들은
金輳, 김우곤의 아들은 金輅인바, 김응곤의 아들임.

77 汝凱(여개): 都汝凱(생몰년 미상)는 성주도씨 10세손 孟寧 → 1남 衡 → 3남 衍胤
→ 1남 여개으로 이어지는 성주도씨 13세손이니, 두 사람은 7촌 재당질간임.

78 德凱(덕개): 都德凱(생몰년 미상)는 성주도씨 10세손 孟寧 → 1남 衡 → 3남 衍胤
→ 2남 덕개으로 이어지는 성주도씨 13세손이니, 두 사람은 7촌 재당질간임.

79 此山(차산)*: 염속산과 빌무산 사이에 있는 봉우리로 염속봉산을 가리킴.

80 鼎谷(정곡)*: 벽진면 봉계리에 있는 솥질마을. 大夜村(한배미)에서 동남쪽으로
5㎞ 떨어져 있다.

者, 馳大夜村云。余等又遁乞水山南麓, 使人往視之, 白衣者, 乃
呂澄[81]也。日晡, 還大夜村。又聞甄山, 焚蕩方極, 【此爲人所欺
也.】計無所出, 皆議而還雲谷[82]。【此死則首丘家山之計也.】時舍兄,
累患草瘧[83], 氣甚困憔然, 强疾而行。缺月西沈, 山路崎嶇, 人多
顚躓[84], 至介台, 夜至四更。

5월 7일

불탄 집터에 이르러 무너진 섬돌 주변을 배회하는데, 한 사람이
멀리 횡거(橫渠) 앞의 개울을 바라보니 삿갓을 벗고 고기를 잡는 사람
이 있어 적으로 잘못 알고서 내달아 산으로 올라갔다. 어머니와 누이
도 부엌으로 몸을 숨기고 이어서 기왓장으로 막아 가렸으며, 사형(舍
兄: 도세웅) 및 나와 복일(復一)도 청룡(靑龍: 갈마산)으로 달려가 엎드
려 숨었는데, 저물고서야 모두 개태(介台: 개터)로 돌아왔다.

五月七日。

至家基, 徘徊於頹砌之上, 有一人望見橫渠[85]前溪, 有脫笠而獵

---

81 呂澄(여징): 呂希臨(1481~1553)의 庶子. 도세순의 형인 도세웅의 처증조부가
   여희림이다. 여희림의 적자인 呂沈의 장남 呂允恭이 도세웅의 장인이다.
82 雲谷(운곡)*: 雲谷坊. 개태와 징기 일대. 위쪽 한배미, 안원이, 바깥원이 마을이
   있는 빌무산 아랫마을은 明巖坊이다.
83 草瘧(초학): 하루씩 걸러서 앓는 학질.
84 顚躓(전질): 엎드러지고 미끄러짐.
85 橫渠(횡거)*: 마을 앞에 벽진 저수지에서 내려오는 개울과 봉학 저수지에서 내려오

漁者, 誤以爲賊, 極走登山。慈親與妹, 竄身入竈中, 因以瓦石甕
蔽[86], 舍兄及余與復一, 投伏于靑龍[87], 趁暮皆還介台。

5월 8일

나는 어머니를 모시고 어린 동생들의 손을 잡고 나부산(羅浮山)으
로 옮겨 갔는데【협주: 아버지와 형은 개태(介台: 개터)에 있었다.】, 미리
족형(族兄, 협주: 都是春) 형제의 처와 자식들 및 배덕창(裵德昌: 도세순
의 6촌 매부)의 처와 딸들이 함께 앉아 있었으나 적막하게도 서로 말이
없었다. 날이 저물자 어린 동생 복일(復一)과 예일(禮一, 협주: 1589년
생으로 나이가 4세이다.)이 칭얼칭얼 울음소리를 멈추지 않으니, 그
소리가 두려워서 나는 등에 업고 개태로 왔다. 금덕(金德)에게 주고
나는 다시 나부산으로 향했는데, 홀연 산꼭대기 위에서 질러대는
큰소리가 들렸으니, "대마(大馬: 대장리) 등지에서 연기와 불길이 크
게 번지고 있다."라고 하였다. 내가 급히 가서 보니, 부대 깃발을
들고 창칼을 쥔 자들이 부상(扶桑)으로 가는 길에 끊이지 않았다.
날이 저물고 나서야 모두 연못가【협주: 도여개(都汝凱) 씨의 연못이
다.】에 내려왔는데, 도몽호(都夢虎) 족숙(族叔)은 어린 딸을 데리고

는 개울을 가로지르는 작은 수로. 지금은 없다.

86 甕蔽(옹폐): 막아서 가림.

87 靑龍(청룡): 마을의 좌측에 있는 산을 가리킴. 여기서는 皙麻山이다.

산에 오르며 엎드려 숨었다가 멀리 바라볼 때 배덕창(裵德昌)이 구평
(求坪)의 들에서 그의 노복을 뒤쫓아 가며 때리는 것을 적으로 착각하
여 냅다 달아나 갔다. 우리도 또한 흩어져 달아나 산으로 올라갔는데,
터무니없는 일임을 알고 난 뒤에 즉시 다시 내려왔다.

얻어듣건대 증산(甑山)은 왜적의 분탕질과 약탈이 닿지 않아 인민
들이 평안히 지낸다고 하였으며, 이어서 미리 집안 아재들이 서로
증산에 가기로 약속했다고 하였다.

五月八日。

余奉慈親, 携幼弟, 投往羅浮山[88],【家君與兄, 在介台.】與族兄【是
春】兄弟之妻子及裵德昌妻女, 共坐, 寂而不語。日晚, 小弟復禮
【己丑生, 年四歲.】, 啼泣不輟, 惡其聲, 余背負而來介台。授金德,
余還向羅浮, 忽聞頂上有呼之, 曰: "大馬[89]等處, 烟火大熾。" 余急
往見之, 執班旗 · 操戈戟者, 絡繹[90]於扶桑[91]之路也。日昃, 皆下
於池岸【都汝凱氏池塘】, 又族叔夢虎[92], 率少女登山, 跧伏遙望, 裵
德昌於求坪之野, 追打其奴, 錯以爲賊, 疾走而去。余等亦散走
登山, 知其虛事, 然後卽還下。得聞甑山, 焚劫不到, 人民安堵

---

88 羅浮山(나부산)*: 나복실의 뒷산. 나복실은 개터의 안마을로, 동쪽으로는 草田面
   의 大馬가 내려 보인다.
89 大馬(대마)*: 초전면 대장리. 김천시 부상리와 접한다.
90 絡繹(낙역): 왕래가 잇달아 끊이지 않음.
91 扶桑(부상)*: 초전과 김천의 경계에 있는 지명. 부상고개라고 부른다.
92 夢虎(몽호): 都夢虎(1538~1608). 성주도씨 11세손 勻→2남 鉉輔→2남 몽호로
   이어지는 13세손으로 도세순에게 당숙임.

云, 因與都叔, 相約以徃甑山云。

5월 9일

곧 조부(祖父: 都台輔)의 제삿날이다. 비록 달아나고 숨어서 지내는 중일지라도 차마 헛되이 그저 보낼 수가 없어 단술과 떡을 마련하여 제사를 지냈다. 이때 날씨가 첫더위에 비까지 한창 내려서, 족숙(族 叔, 협주: 都夢虎)이 두 아들(협주: 도시춘·도시인) 및 며느리와 딸을 데리 고 왔다가 도롱이를 스스로 갖추어 갔다. 우리들 또한 왕골자리로 몸을 감싸고 뒤따라서 마항현(馬項峴: 말목재)을 넘어 곧장 적산사(赤 山寺) 아래에 이르렀다. 이 절의 승려 찬희(贊熙)가 왜놈과 내통하여 왕래가 자못 빈번하다는 것을 듣고는 재촉하여 대원령(大院嶺)을 지 나갔는데, 사형(舍兄: 도세웅)은 이곳에서 운곡(雲谷)으로 되돌아갔 다.【협주: 아버지가 피곤이 극도에 이르러 집에 있었기 때문에 되돌아간 것이 다.】우리들은 비를 무릅쓰고 진흙탕을 뚫고서 저녁이 되어서야 정평 (井坪)의 이돈복(李敦復: 도세순의 종매부) 집에 이르렀는데, 양발이 모 두 부르튼데다 피곤하여 극도로 초췌하였다. 청하여 이곳에 머물렀 다.【협주: 사흘을 연달아서 비가 내렸다.】

五月九日。

乃祖[93]忌也。雖奔竄之中, 不忍虛度[94], 具醴餠以奠。時天氣初

---

93 祖(조): 都台輔(1501~1558)를 가리킴. 본관은 星州, 자는 公佐.

曙⁹⁵, 雨且方作, 族叔【夢虎】率其二子【是春·是仁】及婦女, 自具簑
衣⁹⁶而去。余等亦以莞席⁹⁷裹身, 追及之, 踰馬項峴⁹⁸, 直抵赤山
寺⁹⁹下。聞寺僧贊熙, 與倭交通, 徃來頗頻, 促過大院嶺¹⁰⁰, 舍兄
自此, 回還雲谷。【家君, 困極在家, 故還也.】余等冒雨衝泥, 夕到井
坪¹⁰¹李敦復¹⁰²家, 兩足盡繭, 困憔極矣。借留於此。【連三日雨.】

5월 12일。흙비가 내리더니 잠시 후 걷힘。

이봉춘(李逢春)이 우리들에게 아침 식사를 하자고 초청하였다. 낮
에 목사(牧使: 성주 목사 이덕열)가 이돈복(李敦復)의 빈집으로 달려

---

94 虛度(허도): 때를 헛되게 그저 보냄.
95 初曙(초서): 初暑의 오기.
96 簑衣(사의): 도롱이. 띠풀로 만들어서 주로 비올 때 비옷으로 사용한다.
97 莞席(완석): 왕골자리.
98 馬項峴(마항현)*: 말목재. 금수면 명천리에 있는 고갯길. 태자봉의 동남쪽이고
   소도골의 북쪽이다. 이곳을 거쳐 대원령을 지나 적산사 앞으로 광대원 가는 길이
   있었다.
99 赤山寺(적산사)*: 금수면 어은리에 있는 사찰. 積山寺라고도 한다. 이 사찰의
   승려 찬희가 왜적과 내통하였다 하여 敗撤되있는데, 찬희는 상좌 수정과 함께
   김면 장군에게 처형되었다고 하기도 하고, 주민들에게 돌에 맞아 죽었다고도
   한다.
100 大院嶺(대원령)*: 말목재에서 적산사로 넘어가는 고개. 말목재와 연결되어 있다.
101 井坪(정평)*: 금수면 광산리 중평. 증산 문예촌, 합천 해인사, 두사촌, 지례 등지로
   내왕할 수 있는 길목이다. 말목(馬項), 대원령, 적산사, 자리목(席項), 후리실(候里
   村) 등지는 모두 이곳에서 2㎞ 이내에 있다.
102 李敦復(이돈복): 도세순의 둘째 숙부인 都鉉輔의 사위. 도세순에게 종매부이다.

들어갔고, 족숙(族叔, 협주: 도몽호)이 먼저 석항(席項: 자리섬)에 들어갔
는데【협주: 족숙은 중성장(中城將)으로 성 밖에 불길한 일이 있어서 도망쳐
돌아왔기 때문에 목사가 그 잘못을 심하게 문책하려는 생각이 있다는 것을
듣고 지금에서야 몸을 빼내어 홀로 간 것이다.】, 누이에게 족숙과 먼저
가도록하자 누이가 울면서 가지 않으려 했으나 억지로 보냈다. 아버
지와 형이 아직 오지 않았기 때문에 우리들은 족숙을 따라가 갈 수가
없었다. 이득구(李得龜)의 어머니는 곧 나의 재종고모(再從姑母)이다.
이날 저녁에 우리를 청하여 식사를 차려주었다.

五月十二日。陰霾¹⁰³暫收。

李逢春, 請余等爲朝飯。午, 牧使馳入敦復空舍, 族叔【夢虎】先
入席項¹⁰⁴。【叔爲中城將, 不吉於牧而亡歸, 故聞牧有意督過之, 今乃脫
身獨去.】令妹, 與叔先去, 妹泣而辭, 强以送之。父兄未來, 故余
等不能從叔而去也。李得龜¹⁰⁵母氏¹⁰⁶, 乃余再從姑母也。是夕,
請余等饋飯。

---

103 陰霾(음매): 霾晦. 흐리고 황사가 내림.
104 席項(석항)*: 자리섬. 대가면 도남리에 있는 지명. 뒷산에 할미산성이 있어서
   예로부터 군사 요충지이며 주요 교통로였다.
105 李得龜(이득구): 성주도씨 10세손 孟寧 → 1남 衡 → 2남 祥胤의 사위인 李脚春의
   아들.
106 母氏(모씨): 재종조부 都祥胤의 딸.

5월 13일。 비가 다시 내림。

우리들도 이봉춘(李逢春)이 맞아주어 한창 식사 중이었는데, 아버지가 사형(舍兄: 도세웅) 및 복일(復一)을 데리고 운곡(雲谷)에서 옷이 흠뻑 젖은 채로 오자 이봉춘이 또 밥을 차려 내어주니, 그의 뜻이 간곡하고 두터웠다。 밤에는 이돈복(李敦復) 집에서 묵었다。

五月十三日。 雨復作。

余等, 亦爲逢春所邀, 方食, 家君率舍兄及復一, 自雲谷, 盡濕而來, 逢春亦進飯, 其意懇厚。 夜宿復家。

5월 14일。 맑음。

아침에 마을 사람들이 매우 어수선한 가운데 말하기를, "왜놈 10여 명이 개울을 건너 왔다。"라고 하니, 우리들은 달아나 정평(井坪) 뒤의 고개(역자주: 개고개)를 넘었다。 포천(布川)에 이르러 내려다 보니 이봉춘(李逢春)·이득구(李得龜: 도세순의 재종고모의 아들)가 물을 건너갔는데, 우리들도 어머니를 업고 건너서 이봉춘 등과 함께 앞산에 올라 개울물 골짜기 속에 엎드려 숨었다。

해질 녘에 망보는데 먼 마을에 연기가 가득하자, 태연하게 형이 산 밑으로 내려가 길 가는 사람에게 물으니, 답하기를, "정평 사람들은 목사를 꺼려 피난하여 오는 것인데 적이라고 무고하니 실제로는 그렇지 않습니다。"라고 하자, 모두 도로 내려갔다。 저녁이 되어서야 석항(席項: 자리섬)에 도착하여 최망년(崔忘年)의 집을 빌려서 의탁했는데, 도몽호(都夢虎) 족숙이 미리 와서 이곳에 의탁하고 있었다.

五月十四日。晴。

朝，村人洶洶云：“倭奴十餘人，渡溪而來。”余等走越井坪後嶺[107]。至布川[108]，下見李逢春·李得龜，渡水而去，余等亦負慈親而渡，與逢春等，登前山[109]，伏於澗谷中。日晚瞭望[110]，遠村烟氣，淡然[111]兒下山底，問諸路人，答曰：“井坪人，厭牧伯，以避亂來者，誣告爲賊，未能實然也。”等皆還下。夕，到席項，借接[112]崔忘年家，盖都叔先來，接於此矣。

5월 17일。맑음。

적이 정평(井坪)에 이르렀다는 소식을 듣고 도몽호(都夢虎) 족숙일가와 함께 뒷산(역자주: 신흥 뒷산)으로 들어가 숨었는데, 산이 불쑥깎아지른게 심하여 발을 붙일 수가 없어서 넝쿨을 부여잡고 올라고갯마루에 이르니 모두 고단하여 그늘에 누웠다.

---

107 嶺(영)*: 대가면 도남리에서 가천면 중산리로 넘어가는 고개를 일컬음. 이 고개를 넘어 포천을 지나 증산 문예촌으로 들어갈 수 있다. 자리섬 앞개울 건너 '뒷개마을'이 있고 그 서쪽에 '개고개'가 있다.

108 布川(포천)*: 성주호에서 내려오는 대가천.

109 前山(전산)*: 신흥후산의 남쪽 맞은편 시여골 쪽의 산.

110 瞭望(요망): 적의 사정을 살피기 위하여 멀리서 망보는 일.

111 淡然(담연): 태연한 모양.

112 接(접): 居接. 잠시 몸을 의탁하여 거주함.

날이 이미 저물어 가자 족형(族兄. 협주: 都是春)이 산 아래를 굽어
보는데, 빨리 내닫는 것이 있어 적이 오는 것으로 의심하여 놀라서
어찌할 바를 몰라 흩어져 피하느라 각자 숲속으로 달려들었다. 잠
시 뒤에 족형이 또 소리쳐 말하기를, "이것은 필시 헛일이다. 마음
사람들이 태연하게 편안히 앉아 있으니 너희들은 여기까지 도로 내
려오라."라고 하였다. 과연 화들짝 놀라게 조금 전 내달은 것은 바
로 소였다.

이후로 5일 동안 연달아 집에 있었다.

五月十七日。晴。

聞賊到井坪, 與都叔一家, 遁入後山[113], 而山甚隆削, 不能着
足, 攀緣而登, 及峴頭, 皆困臥陰中。日已向晚, 族兄【是春】俯見
山下, 有疾走者, 疑是賊來, 驚惑[114]散避, 各投林間。有頃, 兄又
呼曰: "此必虛事也。村人恬然[115]安坐, 爾及還下."果虛驚向所疾
走者, 乃牛也。此後, 五日連, 得在家。

5월 22일

빗속에도 노복(奴僕)들이 운곡(雲谷)에서 모두 들어왔는데, 운곡은

---

113 後山(후산)*: 가천면과 금수면의 경계 봉우리. 독용산성의 동편으로 시여골의
  북쪽에 있다.
114 驚惑(경혹): 놀라서 어찌할 바를 모름.
115 恬然(염연): 조금도 걱정없이 태연함.

분탕질이 날로 심하여 사람들이 발을 붙일 수가 없다고 하였다.

　비가 날마다 계속 내리자, 집이 새는 것이 들이붓듯 하니 기름종이 우산으로 비를 막고서 앉은 채로 밤을 지새운 것이 며칠이었다. 또 송아지를 잡아 여러 가족들이 함께 먹었다.

　이후로 며칠 간은 산에 오르기도 하고 오르지 않기도 하였다.

　五月二十二日。

　雨中奴僕, 自雲谷, 皆入來, 雲谷則焚蕩日甚, 人不能接足云。雨勢連日, 屋漏如注, 以油芚[116]傘而備雨, 坐而經夜者數日。又宰小犢, 諸家共饋。此後數日, 或登或否。

5월 26일

　뒷산(역자주: 신흥)에 올랐다. 낮에 하늘에서 비가 내릴 조짐이 있어서 나는 천천히 내려가 비에 축축하게 젖는 곤궁한 처지를 피하려고 하니, 도몽호(都夢虎) 족숙이 발끈하며 말하기를, "이 무슨 말이냐? 바야흐로 적이 창궐하는데 여막에 편안히 누워 있을 수 있겠느냐? 너의 말은 망녕되었다."라고 하였다. 오래지 않아 비바람이 크게 일자 옷이 죄다 젖어서 그 괴로움을 견딜 수가 없어 돌아왔다.

　다음날에 또 뒷산에 들어갔다. 이때 사방에서 적들이 구름처럼 모여 성안에 불 지르며 겁탈하는 것이 더욱 심하고 사람을 마구 죽이

---

116 油芚(유둔): 비 올 때 쓰기 위하여 이어붙인 두꺼운 기름종이.

표시

는 것이 더욱 참혹하였다. 피난민들이 짐을 짊어진 채로 노인을 부축
하고 어린아이를 이끌며 오는 게 이어져 끊이지 않았는데, 가는 길
앞에도 끊이지 않았다.

五月二十六日。

登後山。日午, 天有雨徵, 余欲徐下避沾濕之困, 都叔【虎[117]】
艴然[118]曰:"是何言也? 方賊猖獗, 其可安臥廬耶? 汝言妄矣。"未
幾, 風雨大作, 衣盡沾濕, 不堪其苦而還。明日, 亦入玆山。時四
方賊雲集, 城中燔劫彌甚, 殺戮滋慘。人民荷擔扶携而至者, 絡
繹不絶, 無絶於前路矣。

---

117 虎(호): 夢虎의 오기.
118 艴然(발연): 발끈 성을 내는 모양.

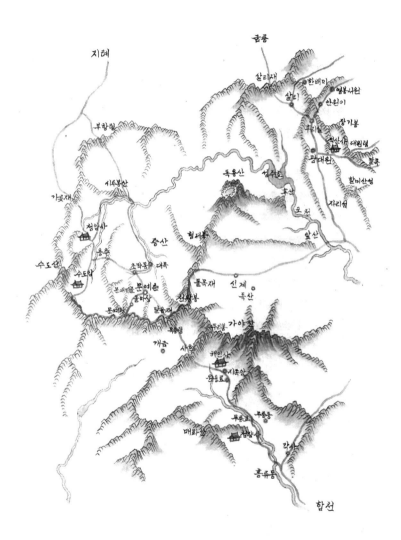

증산 문예촌
출처: 『용사일기』(도두호 역, 김현철 그림, 새박, 2009), 34면.

5월 28일

최망년(崔忘年)의 집에 있었다. 속담에 이르기를, '숲속에 깃들여 있는 새가 오랜 시간이 지나도록 날지 않으면 화살촉에 맞는 근심을 면하지 못한다.'라고 하더니, 이는 헛말이 아니다. 지금 우리들이 오랫동안 이곳에 머물러 있는 것은 날지 않는 새에 가깝지 않겠는가? 즉시 도몽호(都夢虎) 족숙과 증산(甑山)을 향해 길을 떠났다.

이때 날이 흐려 흙비가 거두어지지 않고 검은 안개가 자욱하게 피어나니 걸음을 재촉하여 고개를 넘는데, 고개는 더욱 길이 위험하게 매달려 있어서 쉬었다가 다시 올라 겨우 고갯마루에 이르렀다. 온통 숲인 봉우리가 있었는데 천왕봉(天王峰)이라 한다. 길 가는 사람이면 반드시 있는 공경을 다하는 치성을 드리고서 지나간다고 하는데, 종숙(從叔)의 어머니 또한 앞에서 축원하며 말하기를, "영령(英靈)이 이곳에 계시면, 바라옵건대 일행의 사람들이 모두 장차 다가올 액운을 벗어나게 해주소."라고 하였다. 나는 웃으며 만류하여 말하기를, "만약 천왕이 신령하다면 지난번 읍내의 천왕당(天王堂)이 어떻게 그리도 불길에 휩쌓인단 말입니까? 청컨대 헛되이 축원하지 마세요."라고 하니, 좌우에 있던 사람들이 눈살을 찌푸리며 말하기를, "영명한 신령 앞에서 모름지기 번거롭게 말하지 말라."라고 하였다.

저물 무렵에야 증산(甑山)의 문예촌(文芮村)에 도착하니, 오직 두어 점방이 있었으나 떠돌다 온 사람들이 이미 가득 차서 처마 밑에 빙둘러 앉은 자도 헤아릴 수 없었고 나무에 기대어 노숙하는 자 또한 얼마나 많은지 그 수를 알 수 없었다. 나 또한 묵을 곳을 구하지

못하여 이리저리 돌아다니고 있을 즈음, 이득구(李得龜: 도세순의 재종
고모의 아들)가 양년(梁年)의 집에 있다는 것을 들었다. 내가 찾아가서
보고 말하기를, "날이 져서 어둑어둑하는 데다 비까지 부슬부슬 내리
니, 하룻밤만 빌려 지낼 수 있도록 해주시오."라고 하자, 이득구 등이
협소하다며 핑계대고 처음에는 허락하려 하지 않다가, 내가 꾸짖어
말하기를, "절친한 정의(情誼)에 어찌 이리도 야박한가? 이처럼 비오
는 날에 노숙하게 할 수가 있단 말인가?"라고 하니, 이득구 마지못하
여 맞아들여서 저녁밥도 차려 주었다.

　송원도(宋遠度: 도세순의 아버지의 고종4촌) 아재의 형제가 그의 어머
니를 모시고 또한 와서 양설경(梁雪京)의 집에 잠시 의탁해 지내려는
데, 내가 찾아가서 인사하였다. 이날 밤 우리 형제는 아버지 및 송원
도 아재와 함께 양설경의 다듬이방에서 모두 잤다.

　五月二十八日。

　在忘年家。諺曰:'投林之鳥, 久而不飛, 則不免罹鏃之患.'斯
非虛語矣。今吾等之久在於此者, 不幾於不飛鳥乎? 卽與都叔,
發向甑山。時陰霾未收, 黑霧沈泄, 促行踰嶺, 嶺盆懸危, 休而復
上, 艱至嶺上。有一林曰天王峰[119]。行者, 必致敬而過, 從叔之
母[120], 亦祝于前曰: "英靈在此, 願使一行之人, 盡脫將來之厄."

---

119 天王峰(천왕봉)*: 성주군 가천면 신계리에서 돌목재 혹은 石項嶺이 있는 능선을
　　타고 올라가서 서쪽으로 약 500m 지점에 있는 봉우리로 추정됨.
120 從叔之母(종숙지모): 당숙 都夢虎의 어머니 곧 都鉉輔의 부인 星山白氏. 白珣의
　　딸이고, 權祥의 외손녀이다. 그런데 생몰년(1504~1567)이 서로 맞지 않으니,

余笑而止曰: "若使天王有靈, 向者邑中天王堂[121], 何其見火乎?
請勿虛祝也." 左右目之曰: "明神之前, 須莫煩說." 趁晚, 到甑山
文芮村[122], 惟有數店, 而移人[123]已爲充滿, 循環簷下而坐者無數,
依樹而露屯者, 又不知幾多也. 余亦未得依宿之所, 傍徨之際,
聞李得龜在梁年家. 余尋見曰: "日已曛暝, 雨且霏, 請借過一
夜." 龜等, 託以窄狹, 初不肯許, 余讓之曰: "切親之誼, 何薄哉?
如此雨天, 其可露宿耶?" 龜不獲已迎入, 饋以夕飯. 宋叔【遠
度[124]】昆季, 奉其慈氏[125], 亦來接于梁雪京家, 余尋拜之. 是夜,
余兄弟, 陪家君與宋伯叔[126], 並宿于梁雪京砧室[127].

원문의 인물은 누구인지 확인할 수 없다. 본문에서는 도몽호를 족숙이라고 일컬었
고, 종숙이라고 일컬을 것은 앞에서 都章이나 누구인지 확인할 수 없다.

121 天王堂(천왕당)*: 성주성 남쪽에 서낭당 마을에 있었으나 현재는 없음. 현재 커다란
   홰나무가 있다.

122 文芮村(문예촌)*: 김천시 증산면 황점리에 있는 산간마을.

123 移人(이인): 流移人. 떠돌다 들어온 사람.

124 遠度(원도): 宋遠度(생몰년 미상). 본관은 冶城, 자는 德懋, 호는 敬軒. 도세순의
   대고모부인 宋師顥의 첫째 아들. 훈련원 봉사, 헌릉 참봉을 지냈다.

125 慈氏(자씨): 都世純의 대고모. 증조부 都勻의 딸이다.

126 宋伯叔(송백숙): 宋遠度를 가리킴. 동생으로 宋遠器(1548~1615)가 있음. 본관은
   冶城, 자는 學懋, 호는 啞軒. 1573년에 생원시와 진사시에 합격하고, 1610년
   별시 문과에 급제하였다. 梅陽書院에 배향되었다.

127 砧室(침실): 다듬이방.

5월 29일。 맑음。

김윤곤(金潤衮: 金鉻의 오기인 듯) 아재의 3형제가 가족들을 데리고 이곳에 왔다는 것을 듣고 나는 찾아가서 인사를 드렸는데, 거처하는 곳을 둘러보니 잡목과 띠풀로 주위를 두르고 지붕을 이어서 족히 비바람을 피할 만하였다. 우리들은 아직 쉴 곳조차 구하지 못해 또한 임시로 초막이라도 치고자 엉뚱한 곳인 시냇가에 가서 나무를 베고 풀을 베니, 남들이 말하기를, "호랑이가 사람들이 왕래하는 길을 지키는 데다 날이 개면 땅의 습기가 올라오기 때문에 모두 버린 곳이다."라고 하였다.

五月二十九日。 晴。

聞金叔【潤衮[128]】三昆季[129], 挈家來此, 余尋拜之, 觀其所居, 則以柴茅圍而葺之, 亦足此避風雨也。 余等未得休息之所, 亦欲假幕而別處, 卽於澗邊, 刈薪芟草, 則人言: "虎衛往來路, 且新晴地濕, 故皆棄之。"

---

128 潤衮(윤곤): 金潤衮은 도세순에게 祖行인바, 협주를 단 후세인의 착각임. 앞에서는 金鉻를 가리켰음.

129 三昆季(삼곤계): 삼형제. 도세순의 증조부인 都勻의 매부 金璟의 세 아들 金潤衮·金應衮·金遇衮이 있었지만, 도세순에게 祖行이라서 叔行과 맞지 않음. 그렇다면 세 사람 각각의 아들 金軸·金轅·金鉻를 가리키는 것으로 추측된다.

5월 30일。맑음。

송원기(宋遠器) 아재가 양설경(梁雪京)의 집에서 초항(草項: 초막동) 으로 옮겨가고, 이경춘(李景春: 도세순의 재종고모부)이 양년(梁年)의 집에서 양설경의 집으로 옮겨 들어가니, 양년의 집이 조금 널찍해져 서 임시로 의탁해 지낼 만했다. 그래서 우리는 이봉춘(李逢春)·이득 구(李得龜)와 양년의 집에 모두 머무르며 지냈다.

이때 온 고을의 사람들이 거의 다 이곳에 모였고, 우리 친가와 외가의 여러 친족들 또한 모두 모였는데, 산골짜기가 깊숙하여 적의 통로와 까마득히 먼 까닭에 사람들 모두 절로 편안해졌다. 해 뜨면 모였다가 저녁 무렵이면 흩어지느라 황량한 언덕에 길을 내더니 마침 내 큰길이 생겨서 엄연히 별도의 한 번성한 촌락이 되었다.

五月晦日。晴。

宋叔自梁雪京家, 轉向草項[130], 李景春[131]自梁年家, 移入雪京家, 梁年家稍有寬容可接。是以余等, 與李逢春·李得龜, 並留接於梁年家。時一州之人, 幾聚於此, 而余表裏諸族, 亦咸集, 山谷深邃, 賊路脩遠, 故人皆自安。日出而會, 乘昏而散, 荒丘開逕, 遂成大路, 而儼然[132]別一盛村也。

---

130 草項(초항)*: 초막동. 문예촌 바로 밑에 있는 마을.

131 李景春(이경춘, 생몰년 미상): 성주도씨 11세손 衡 → 3남 衍胤의 사위. 도세순에게 재종고모부이다.

132 儼然(엄연): 현상이 뚜렷하여 누구도 감히 부인할 수 없음.

6월 초순133

6월의 10일 동안에는 적들이 지례(知禮)를 점거하여 그곳에 빈
굴을 파고서 간혹 증산(甑山)과의 지경에 침범하기도 하니, 인심이
흉흉하고 두려워해 모두 거창(居昌)으로 들어갔으며, 남아 있는 자
라고는 단지 김 대부(金大父: 金遇衰)·도몽호(都夢虎) 아재·이봉춘
(李逢春)·이득구(李得龜) 몇 사람뿐이었다.

이때 복일(復一, 협주: 병술년(1586)생으로 나이가 7살이다.)이 이질에
걸려 핏기 전혀 없이 초췌하여 뼈가 앙상한데도 약을 구하기가 어려
워 오랫동안 낫지 않았다. 듣건대 민물고기가 몸에 좋은 약이라고
하는지라, 이득구에게 그물을 빌리려 했더니 그 모자가 선친이 쓰던
물건이라고 핑계대며 함부로 빌려줄 수가 없다면서 끝내 허락하지
않았다. 우리들이 두터이 해야 할 바에 야박한 것으로 꾸짖은 연후에
야 파손된 그물을 빌려주었다. 내가 이봉춘·이돈복(李敦復: 도세순의
종매부)과 용추(龍湫)로 돌아가서 바야흐로 그물을 펼치려는데, 왜적
이 부항현(釜項峴: 부항고개)을 넘었다는 것을 듣고는 끝내 그물을
걷어 말아서 되돌아 달려왔다. 때마침 얼숙(孼叔: 서얼 아재) 도몽장(都
夢獐) 또한 변방에서 돌아온 지 며칠이 되었다.

至六月旬間, 賊人據知禮134, 作其虛穴, 或犯寇於甑山之境135,

---

133 원전에는 날짜가 없으나 역주자가 붙인 것임.
134 知禮(지례)*: 김천시 지례면 일대로, 문예촌에서 12㎞ 정도 떨어진 곳. 당시 증산은
   성주에 속하였고, 지례는 성주에서 김천과 추풍령을 지나 충청도로 넘어가는
   요충지이다.

人情洶懼，皆入居昌，存者只金大父・都叔・李逢春・李得龜數人
而已。時復一【丙戌生，時年七歲】得痢疾，羸憔骨立[136]，而藥餌難
得，久未得逾。聞川魚爲良藥，求綱子於得龜，則其母子，託以先
人之物，不可輕借云，而終不許之。余等罵其薄於所厚者，然後
借以破綱。余與逢春・敦復，歸龍湫[137]，方張網，聞賊越釜項
峴[138]，遂捲徊而走。時擘叔夢獐，亦還自邊方，有日矣。

6월 18일

한밤중에 김 대부(金大父: 金遇袞)가 작은 목소리로 불러 말하기를,
"지례(知禮)에 있는 왜적이 오늘 틀림없이 이곳을 침범할 것이라고
하니 너는 장차 어디로 돌아갈 것이냐? 난 즉시 거창(居昌)을 향해
길을 떠나려 한다."라고 하였다. 우리들은 놀라 밥 먹기를 재촉하여
이봉춘(李逢春) 등과 함께 나섰다.

이때 날이 아직 새지 않아서 길은 몹시 캄캄하게 어두웠다. 자친(慈
親: 江陽李氏)이 복일(復一)과 예일(禮一)을 업고서 가다가 계곡에 이

---

135 甑山之境(증산지경)*: 이곳에는 삼방산이 가로막혀 있고, 부항고개나 그 남서쪽에
　　이는 가룻재를 넘어야 갈 수 있는 곳.
136 骨立(골립): 몸이 여위어 뼈가 앙상하게 드러남.
137 龍湫(용추)*: 김천시 증산면 용소. 문예촌의 서쪽 고개 넘어 4㎞ 거리이다.
138 釜項峴(부항현)*: 지례에서 문예촌이나 용추계곡으로 돌아올 수 있는 고개. 지형의
　　생김새가 가마솥을 엎어놓은 것과 같고 그 통로가 목처럼 길다랗다고 하여 지어졌다.

르러 이끼 낀 징검다리가 매우 미끄러워 발을 헛디뎌서 넘어져 왼쪽 정강이를 다친 것도 알지 못하고 팔을 다친 것도 깨닫지 못한 채 묻기를, "내 팔을 들려고 해도 들리지 않으니 무슨 일이냐?"라고 하였다. 나는 몹시 애통해하며 어머니의 팔을 어루만지면서 고하기를, "심하게 다치셨어요"라고 하자, 그때서야 낙담하여 얼굴빛이 달라져서 말하기를, "내게 어찌 곤액(困厄)을 내린단 말이냐? 횡액(橫厄)이로구나."라고 하였다. 나는 버들가지를 꺾어 엮어서 그 팔을 싸고 또 버드나무 껍질로 묶고는 부축하면서 천천히 걸었다. 중봉(中峰)에 이르러 내가 고하기를, "몸을 움직여 걸으시면 상처가 더욱 아플 것이니, 여기에서 머무는 것이 좋겠습니다."라고 하자, 어머니가 한숨을 쉬며 서글프게 탄식하여 말하기를, "내가 만약 이곳에 있게 되면 너희들도 또한 그대로 따를 것인데, 만일 예기치 못한 환란이라도 있으면 내가 죽는 것이야 비록 여한이 없을 것이나 너희들은 어찌 되겠느냐?"라고 하고서 마침내 억지로 걸어 산마루에 올라서니, 우리들은 서로 마주보며 통곡하였다. 김로(金輅) 아재는 나와 함께 걸었는데, 김로 아재의 여러 가족들 또한 다치지 않은 사람이 없으니 탄식하며 눈물을 훔쳤다.【협주: 이때 형은 마침 운곡으로 떠났다.】

낮에 어머니가 갈증이 심하여 마실 것을 찾자, 이봉춘(李逢春)이 이르기를, "냉천(冷泉)이 이곳에 있다."라고 하였다. 내가 찾아가서 물을 퍼 와 국을 끓이고 밥을 지어 올렸다.

날이 저물어서야 양년(梁年)의 집으로 되돌아왔는데, 다친 팔 때문에 고통스러워 편히 누울 수가 없어서 몸을 기울여 베개에 기대어 밤을 지새웠다.

六月十八日。

夜半[139], 金大父常[140]呼曰: "知禮之賊, 今日丁寧[141]犯此云, 汝將
何歸? 我卽發向居昌[142]." 余等驚促食, 與逢春等, 偕出。時天氣未
曙, 路甚昏黑。慈親, 負復禮而行, 至於澗中, 苔砃滑甚, 不覺失足
而墮, 禍及於左股, 不省傷其臂, 而問曰: "吾臂, 擧而不擧, 何也?"
余大慟撫臂而告曰: "已傷矣." 遂憮然[143]失色曰: "吾何厄哉? 厄
哉?" 余折柳梢而編之, 以裹其臂, 又以柳皮係之, 扶而徐步。至中
峰, 余告曰: "動身行步, 則傷處益痛, 請留此可也." 慈親喟然[144]
曰: "吾若在此, 則汝等亦從之, 如有不測之患, 則吾之死, 雖無所
憾, 於汝等何?" 遂强步, 登山顚, 余等相對痛泣。金叔與我並行,
金叔【輅】諸族, 亦莫不傷, 歎而揮涕。【時兄適出雲谷。】午, 慈氏渴甚
求飮, 逢春云: "冷泉[145]在此." 余尋到, 酌爲煎羹, 和食而進。日暮,
還梁年家, 傷臂痛苦, 不能偃臥, 傾身倚枕, 經夜。

---

139 夜半(야반): 한밤중.
140 常(상): 작음.《春秋左氏傳》의 魯나라 成公 12년 조에 보면, "제후들은 탐욕스러워
　　침약의 야망을 숨기지 않고 보잘것없는 땅이라도 빼앗으려고 백성들을 모두 동원한
　　다.(諸侯貪冒, 侵欲不忌, 爭尋常以盡其民。)"에서 그 사례가 나온다.
141 丁寧(정녕): 틀림없이.
142 居昌(거창)*: 문예촌에서 남쪽 달음재를 넘으면 바로 거창군 가북면 개금이 나옴.
　　달음재를 거창 쪽에서는 목통령이라고 한다.
143 憮然(무연): 예상밖의 사건에 실망하거나 낙담하여 어떻게 할 수 없는 모양.
144 喟然(위연): 한숨을 쉬며 서글프게 탄식하는 모양.
145 冷泉(냉천)*: 문예촌 남동쪽 산꼭대기 밑에 있는 샘.

6월 19일

아침 일찍 뒷산에 올랐다.

낮에 사형(舍兄: 도세옹)이 운곡(雲谷)에서 왔는데, 상처 입은 소식을 듣고 허겁지겁 달려와 통곡하였다. 서로 이야기를 나누려고 할 즈음, 김택(金澤)이라는 자가 산허리에서 왜놈의 소리를 내었다. 사람들 모두 크게 놀라서 급히 일어나 탐문하니 바로 김택였다. 그의 어미 또한 나와 나란히 앉아 있다가 함께 놀란 것이니, 그의 어리석고 망녕됨이 심하였다.

날이 저물고 나서야 되돌아오며 우리 형제가 좌우에서 모셨는데, 어머니가 탄식하여 말하기를, "나는 오늘에야 자식들 귀한 줄 알았다."라고 하고서 복일(復一)과 예일(禮一)을 불러 안아 무릎 위에 앉히고 말하기를, "내가 만일 불행히도 죽는다면 너희들을 장차 누가 돌봐줄런가?"라고 하고는 마침내 처연하게 눈물을 흘렸다.

이때 복일은 또 이질에 걸려서 열흘 동안이나 신음하니, 숨이 곧 끊어질 듯해 스스로 걸을 수가 없어서 내가 항상 등에 업고 다녔다.

오늘은 사방에서 주둔해 있던 왜적들이 안개처럼 몰려들었고, 주성(州城: 성주성)의 수산(戍山)에서 마구 죽이고 약탈하는 것이 이전보다 더 심하자, 인심이 크게 소란스러워져서 모두 깊은 산으로 들어가 숨었다. 그러나 우리들은 어머니의 병 때문에 멀리 갈 수가 없어서 여기에 머물러 있다가 돌아가려고 새벽녘이면 산으로 오르고 날이 저물면 되돌아온 것이 계속해서 10여 일이나 되었다. 기력을 다해 애쓰면서 손발이 죄다 부르터졌으니 가히 난리의 고통을 알 만하였다.

六月十九日。

早朝, 登後山。午, 舍兄來自雲谷, 聞其患傷, 奔往哭。相語之
際, 金澤者, 於山腰, 作倭聲。人皆大驚, 急起探問, 乃金也。厥
母, 亦與我並坐, 共驚動, 其愚忘之甚矣。趁暮還來, 余兄弟侍左
右, 慈氏歎曰:"吾乃今日, 知其子女之貴也。"呼復禮而抱, 置膝
上曰:"吾若不幸而殞命, 則汝將誰恤?"遂悽然泣下。時復一又得
痢疾, 沈綿[146]浹旬, 氣息奄奄, 不能自步, 余常背負而行。今者四
方, 屯賊霧集, 州城蒐山[147], 屠略甚於前度, 人情大加騷擾, 皆遁
入深山。而余等以慈氏病, 故不能遠, 歸留注於此, 凌晨[148]而陟,
趁暮而還者, 連至十有餘日也。筋力勞苦, 而手足盡繭, 可知亂
離苦也。

7월 1일

자친(慈親: 江陽李氏)은 또 복통이 일어나 증세가 거의 위독한 지경
에 이르렀지만 시간이 지나고서야 나았는데, 종형(從兄: 6촌 재종형,
협주: 도시춘)이 거창(居昌)에서 왔다가 나의 어머니를 찾아 뵙고 눈물
흘리기를 그치지 않았다.

---

146 沈綿(침면): 병이 오래 끎. 병이 오랫동안 낫지 않음.
147 蒐山(수산)*: 성주 읍 주위의 성곽.
148 凌晨(능신): 이른 새벽. 새벽녘.

이때 또 헛되이 놀라서 산에 오르는 것이 하루도 쉰 날이 거의 없었다. 복일(復一)이 아직도 다 낫지 않아 입이 써서 꿀을 찾았는데, 주인에게 부탁했지만 인색하게도 주려 하지 않았다. 나는 스스로의 안타까운 심정을 이기지 못하고 직접 벌통에서 따려 했으나 꿀은 얻지 못하고 도리어 벌침에 쏘이고 말았다. 이를 들은 사람이 비웃지 않은 자가 없었으나, 주인은 그 간절한 심정을 알고서 마침내 질 좋은 맑은 꿀을 몇 국자를 주었다. 이때 또 쓰러진 작은 송아지를 배협(裵協)과 나누어 먹었다.【협주: 이때 배협은 거창에 있었다.】

　七月一日。

　慈親, 又痛胸腹, 勢幾危矣, 移時乃愈, 從兄【是春】來自居昌, 進謁余慈氏, 垂淚不已。時又虛驚, 登山者, 殆無虛日。復一尙未得愈, 而口苦索蜜, 求之主人, 則吝不肯許。余不勝其情, 自取於蜂箚中, 蜜不得而反爲蜂蠆所刺。聞者莫不笑之, 主人知其情懇, 遂獻白淸[149]數勺。時又頹小犢, 與裵協共食。【時協在居昌。】

7월 19일

　왜적이 수개(樹芥: 樹介, 雲谷의 중심지인 징기와 개터)의 여러 마을을 엄습하여 죽임을 당한 자가 40여 명이나 되며, 신공(申公)·여공(呂公)도 해를 당했다고 들었으나, 사실 여부를 알지 못하겠다. 나는 이양덕

---

149 白淸(백청): 빛깔이 희고 품질이 썩 좋은 꿀.

(李陽德: 李格의 아들 李陽得의 오기) 아재의 임시 거소에 갔다가 그
실제 기별을 들은 뒤에 몹시 슬퍼하고 괴로워해 마지않았다.

또 노복(奴僕)들이 살았는지 죽었는지 알지 못하여 곧바로 춘손(春
孫: 이희백의 노복)을 운곡(雲谷)에 보냈는데, 다음날 돌아와서 이르기
를, "노복들은 모두 잘 피했으나 다만 서책이 불타고 말안장을 도둑맞
았을 따름입니다."라고 하였다.【협주: 이때 큰집은 이미 잿더미가 되었지
만 사당이 보존되어 있어서 서책과 여러 가지 물건들을 이곳에 보관해 두었으
나, 지금 모두 잿더미가 되었고 사당 또한 불타 버렸다.】

七月十九日。

聞賊奄襲樹芥[150]諸村, 被死者四十餘人, 而申公·呂公, 爲被害
云, 而未知實否。余往于李叔【陽德】寓所, 聞其實奇, 然後不勝慘
怛。又未知奴僕存沒, 卽送春孫於雲谷, 明日來云: "奴僕皆善避,
而但焚書冊, 竊鞍子而已。"【時大家已灰, 祀宇保存, 書冊雜物, 藏于此,
而今皆見燼, 祀宇亦焚.】

7월 21일

사형(舍兄: 도세옹)이 운곡(雲谷)으로 돌아갔다.

다음날 노복 어둔(於屯)을 시켜서 불타다 남은 책들 20여 권 및

---

150 樹芥(수개)*: 樹介로도 쓰임. 雲谷의 중심지인 징기(樹村)와 개터(介台). 수촌은
    상수촌, 중수촌, 하수촌이 있고, 개터는 운정리와 그 앞이다.

철물(鐵物)들을 보내오도록 하였다.

다음날 형이 또한 돌아올 때, 의병대장이 군사를 거느리고 지례(知禮)의 왜적들을 토벌하였지만 이기지 못하고 퇴각하였는데 죽거나 다친 군졸들이 매우 많았다. 그러나 왜적 또한 지친 데다 적은 군사로 그곳에 멋대로 머무를 수가 없어서 퇴각해 개령(開寧)의 왜적들과 합쳤으니, 증산(甑山)이 점차 조금씩 안정되었고 비로소 산에 오르는 수고로움을 면하였다.

七月二十一日。

舍兄歸雲谷。明日， 使奴於屯， 焚餘雜冊二十餘卷及鐵物送來。明日，兄亦還時，義兵大將，領軍討知禮之賊，未克而退，軍卒死傷者甚多。然賊亦疲困，且寡不縱留於此，乃退付於開寧[151]之賊，甑山稍得小安，始免登陟之勞。

8월 10일

봉산(逢山: 이희백의 노복)을 초계(草溪)에 보냈는데, 27일에 되돌아와서 말하기를, "초계의 촌락은 예전 그대로였고 노주(老主: 주인 어른 도몽기) 또한 아무 탈 없이 잘 계셨습니다."라고 하였다.

八月十日。

送逢山於草溪[152]，廿七日還言：“草溪村落如舊，老主亦得無恙焉。”

---

151 開寧(개령): 경상북도 김천시 북동부에 있는 고을. 개령면, 농소면, 남면 일대이다.

8월 30일

우리 형제가 장차 운곡(雲谷)으로 돌아가려고 원흥(元興: 안원이)에
이르자 날이 저물었는데도 촌사람들이 모두 산에 올라서 그 오르는
이유를 물으니, 대답하기를, "적들이 밤마다 습격해 오는 까닭으로
미리 산에 올라 변(變)을 대비한다."라고 하였다. 나도 자못 그 계획을
그럴듯하게 여겨 장차 산에 오르려고 했으나 오르지도 못하고 방황하
던 중에 배은서(裵殷瑞)가 찾아와서 만났다. 내가 그에게 걱정하는
바를 이야기하니, 말하기를, "오늘 밤은 이 산에 들어가서 자고 내일
아침에 형편을 보아가며 거취를 정하면 일을 그르친 뒤에 어찌할
수 없어서 하는 후회가 결코 없을 것이다."라고 하였다. 나는 더욱
그의 말을 그럴듯하게 여기고, 즉시 배은서의 노복에게 밥을 지어
오게 하였다. 밥 먹기를 끝내자 장기봉(長基峰)의 꼭대기에 올랐는데,
김대용(金大用)·배위국(裵緯國) 등과 같이 묵었다. 밤에 주성(州城:
성주성)을 바라보니, 남정(南亭)의 아래에 두 곳에서 불이 활활 타고
있었는데 밤새도록 꺼지지 않았다.

八月晦日。

余兄弟, 將歸雲谷, 至元興[153], 日已昏矣, 村人皆登山, 問故則
曰: "賊每夜襲, 故預陟待變."云。余頗然其計, 將欲登山而未果,

---

152 草溪(초계): 경상남도 합천군 중동부에 있는 고을. 도세순의 외가가 합천 江陽李氏
    집안이다.
153 元興(원흥)*: 안원이. 벽진면 외기리에 있는 內院. 迎鳳山 아래 川谷書院의 안쪽에
    있다하여 불리는 지명이다. 광대원, 후리실, 한배미로 연결되는 길목이었다.

彷徨間, 裵殷瑞來見。余言其所慮者, 則曰:"今夜, 投宿此山, 而
明朝觀勢, 以定去就, 則萬無噬臍[154]之悔也."余益然之, 卽令裵
奴, 炊飯而來。食訖, 登長基峰[155]頭, 與金大用·裵緯國等, 同
宿。夜望州城, 南亭[156]之下, 焚火二所, 終宵[157]不滅。

9월 1일

개태(介台: 개터)로 오니 종숙(從叔)과 가숙(家叔: 친삼촌)이 이곳에
합류하였고 노복(奴僕)들도 이곳에 모였다. 이날 해인(海印)에 있는
논의 소작료를 거두었는데, 이것은 가숙네와 함께 농사지은 것이다.
【협주: 이때 가숙네는 자식들 전부가 다쳤다.】 한밤중에 그 소작료로 받은
곡식을 싣고 길을 떠났는데, 원흥동(元興洞: 안원이)에 이르러 큰나무
밑에서 쉬고 있었다. 촌사람들이 산에 오르면서 자못 이를 의아하게
여겨 돌을 아래로 던졌는데, 내가 사람을 시켜 사는 곳과 성명을
이야기하도록 하고 소작료를 받아가는 사실을 알도록 하였다.

후리촌(候里村: 후리실)의 뒷고개에 이르자, 형은 이곳에서 운곡(雲
谷)으로 돌아갔다.【협주: 그곳에서 추수할 계획이다.】 나는 노복 윤금(允

---

154 噬臍(서제): 噬臍莫及. 배꼽을 물어 뜯으려 하여도 입이 닿지 아니한다는 뜻으로,
　　일을 그르친 뒤에는 후회하여도 어찌할 수 없다는 말.
155 長基峰(장기봉)*: 벽진면 외기리에 있는 봉우리.
156 南亭(남정)*: 성주읍 경산리 남쪽에 있던 누정. 1520년 목사 金祐가 지었다.
157 終宵(종소): 終夜. 하룻밤 사이를 걸침.

金)·은복(銀福)을 거느리고 갔는데, 마침 비바람이 크게 일어나더니 종일토록 그치지 않아 죄다 젖어서 되돌아왔고, 다음날 형 또한 되돌아왔다.

대체로 5월부터 중산(甑山)에 들어온 이후로 나는 부모님을 모시고 항상 이곳에 있었지만, 형은 노복들을 거느리고 운곡을 오가면서 적의 소굴을 엿보아 땅을 일구어 씨를 뿌리기도 하고 곡물을 수확하여 묻기도 하며 운반해 온 양식이 끊이지 않았고 고기반찬 등 부모에게 봉양할 물품 또한 계속해서 찾아 보냈다. 비록 난리 중이라 할지라도 쌓아둔 양식이 오히려 여유가 있었다. 한 집안이 보존할 수 있었던 것은 사형(舍兄: 도세웅)이 애쓴 정성 아님이 없었다.

九月一日。

來介台, 從叔·家叔[158], 合留此, 而奴僕會於此。是日, 收海印畓租, 此叔家並作也。【時叔中, 傷凡子.】中夜[159], 馱其租而發, 至元興洞, 休于大樹下。村人登山, 頗疑之, 以石投下, 余令言居止姓名, 使以知之。至候里村[160]後嶺, 兄自此還雲谷。【欲秋收計也】余率奴允金[161]·銀福而去, 適風雨大作, 終日不止, 盡濕而還, 明

---

158 家叔(가숙): 남에게 자기 숙부를 일컫는 말.『성주도씨대동보』에는 도세순의 아버지인 都夢麒의 친동생이 없어서, 누구인지 확인할 수 없다.
159 中夜(중야): 한밤중. 깊은 밤.
160 候里村(후리촌)*: 금수면 厚平里. 이 마을은 웃후리실, 황산, 아랫후리실로 되어 있는데, 여기서는 웃후리실을 가리킨다. 內院까지 2㎞이고, 後嶺은 그 가운데에 있다.
161 允金(윤금): 允金伊 또는 尹金과 尹金伊로 표기되고 있음.

日兄亦還。盖自五月, 來入甑山之後, 余則侍父母, 常在此, 兄領
奴僕, 徃反雲谷, 而覘其賊鑠[162], 或耕墾[163]播種, 或收埋穀物, 運
粮不絶, 而肉饌奉養之物, 亦相繼覓送。雖曰亂離而儲粮, 尙有
餘裕。一家之所以保存者, 莫非舍兄之功力也。

9월 10일

내가 장차 초계(草溪)로 돌아가려고 노복 봉산(逢山) 및 노비 변금
(朴今)을 데리고 시흘음령(是屹音嶺: 달음재)에 잠복해 있는 군사를
피해 사람이 다니지 않는 길이 있는 곳으로 곧바로 넘어서 해인사
(海印寺)에 이르렀다. 진사(進士) 아재가 지족암(知足庵)에 임시로 지
낸다는 것을 듣고서 찾아가 뵈었다. 저녁을 먹은 뒤에 해인사에서
묵었다.

다음날 용담(用淡: 龍潭)의 박 대부(朴大父: 朴良佐) 집에 와서 묵었
고, 다음날 초계(草溪)의 일가 집에 오니 감격해서 목메어 울었는데,
마치 다시 살아난 사람을 본 것 같았다.

九月十日。

余將歸草溪, 率奴逢山及婢朴今而行, 避是屹音嶺[164]伏兵, 徑

---

162 賊鑠(적쇄): 賊巢의 오기인 듯.

163 耕墾(경간): 논이나 밭을 개간하여 갊.

164 是屹音嶺(시흘음령)*: 달음재. 문예촌에서 거창군 개금으로 넘어가는 고개. 거창
  군 가북면 개금에서는 목통령이라 부르고, 성주 쪽에서는 달음재라 부른다.

蹟不路處, 至海印寺[165]。聞進士叔, 寓知足庵[166], 尋拜。夕飯後, 宿于海印寺。明日, 來用淡[167]朴大父[168]家宿, 明日, 來草溪一家感泣, 如見再生之人也,

9월

나는 증산(甑山)으로부터 초계(草溪)의 외가로 돌아가서 계조모(繼祖母: 할아버지의 후취 부인)를 모시고 그대로 머물렀다. 10월에 이르러서 연금이(連金伊) 노비의 집이 깨끗하지 못한 데다 수대(守代)·연화

---

165 海印寺(해인사): 경상남도 합천군 가야면 가야산의 남쪽에 있는 절. 고려대장경이 봉안된 법보사찰로 유명하다.

166 知足庵(지족암): 해인사 안에 있는 암자. 도솔암의 옛 이름으로, 해인사의 동편, 국일암의 뒤편에 있다.

167 用淡(용담): 龍潭의 오기인 듯.(이하 동일) 고령군 쌍림면 백산의 강가에 있는 학골마을(하거리마을). 이 마을 남쪽으로는 안림천 주위에 형성된 용담들이 펼쳐져 있고, 그 너머로 안림천이 흘러 내린다. 두사촌, 매실에서 성주 개터나 증산 문예촌을 오가는 길목이다.

168 朴大父(박대부): 朴良佐(1521~1599)를 가리키는 듯. 본관은 順天, 자는 忠老, 호는 復齋. 부인은 裵垠의 딸 星山裵氏이고, 아들은 朴而文과 朴而章이 있다. 1561년 식년시에 급제하였다. 아들 박이장(1547~1622)은 그의 집안 형인 朴而絢(1544~1592)이 1592년 임진왜란 때 의병을 일으킬 때 함께 참여하였다. 박이현은 1592년 星州의 伽川에서 많은 왜적을 무찔렀으나 겨울에 무주로부터 회군하다가 포로가 되어 끝내 굴하지 않고 전사하였다. 박이현의 본관은 순천, 자는 汝粹이다. 아버지는 朴大榮이고, 그의 처가 바로 星州都氏 16세손 欽祖의 딸이다. 성주도씨 14세손인 도세순의 입장에서 박이장이 박이현의 족제이기는 하나 나이가 자신의 부친 나이와 비슷한 연배였고, 그런 박이장의 아버지였기 때문에 박양좌를 大父로 일컬은 것이 아닌가 한다.

(年化) 두 노비가 서로 이어서 병으로 괴로워하니 의심스럽고 이상하나 그 단서를 헤아릴 수가 없어, 남문(南門)을 막고 전혀 왕래하지 않았다. 구차하게 며칠을 머물러 있는데, 어떤 사람이 말하기를, "매우 연로한 어른을 온갖 병이 몰려든 곳에 오래도록 머물게 하는 것은 마땅하지 않으니, 차라리 속히 피하는 것이 더 낫소."라고 하였다.

九月, 余自甑山, 歸草溪外家, 陪侍[169]繼祖母[170], 因留焉。至十月, 連金伊奴家不淨, 守代·年化兩婢, 相繼痛苦, 疑訝莫測, 塞南門, 絶不相通。苟留數日, 有人曰:"年深老親, 不宜久留於病叢中, 不如速避之爲愈也."

10월 18일[171]

이달 18일에 조모(祖母: 계조모)를 모시고 진양(晉陽: 합천 정양리)의 집으로 피접(避接)하였다.

아침 식사 뒤에 나는 담걸(淡乞)을 데리고 집으로 돌아와서는 각종 물건을 저장해 둔 곳에 이르러 조곡(粗穀: 껍질 벗기지 않은 곡식 낟알) 20여 석을 다락에 넣고서 잠궜고, 그 나머지 의복과 곡물도 옹기

---

169 陪侍(배시): 귀인을 모심.
170 繼祖母(계조모): 도세순의 조부 都台輔나 외조부 李良受는 후취를 둔 기록이 없음. 『성주도씨대동보』와 『합천이씨세보』에는 각각 密陽朴氏 朴宗元의 딸과 晉陽姜氏 姜大連의 딸만 등재되어 있다.
171 역주자가 붙인 것임.

속에 담아 대청 아래에 묻고, 연금이(連金伊)를 불러 잘 지키라고
당부하였다.

그리고 진양의 집으로 되돌아오자 흡사 싫어하는 기색이 있고 게
다가 아픈 사람의 집이 바짝 가까웠던 까닭에 기회를 보아 임시 거처
를 옮기려 하였다. 늙은 노비 돌금(乭今)을 시켜 모야상촌(毛也上村:
웃매실)에 집을 빌리도록 하였으나 기꺼이 허락하는 자가 없었다.
저녁이 되어서야 조모를 받들어 모셨는데, 어린 노비 선금(先今)·
옥대(玉代) 등을 데리고 두사촌(豆士村)의 이인수(李仁受) 집을 빌려
지낼 수 있었으니, 이인수는 바로 외가의 얼족(孼族: 서얼 친족)으로
성품이 매우 너그럽고 후한 자였다. 우리들이 도착하자 흔연히 맞아
들였으며, 나아가 그의 안방을 비워 지내게 해주고서 그의 가솔들은
따로 흙집에 지냈으니, 그가 후하게 대접해 준 것은 참으로 헤아릴
수 없을 정도였다. 또 이인수는 전성(全城: 全義)의 얼예(孼裔: 서얼의
자손)로 빈궁하여 살아가기가 어려웠지만 조상의 신주(神主)를 모두
광비(筐篚: 대나무 광주리)에 담아서 벽에 걸어두었다가 명절이나 기일
이 되면 반드시 신주함을 열어서 신주를 옮겨 제사를 지냈다. 비록
난리 속에 빈궁할지라도 반드시 선조를 받드는 예를 다하고 있으니,
그가 선조를 추념하는 것이 깊다는 것을 참으로 알 만하였다.

是月十八日, 奉祖母, 避接[172]于晉陽[173]家。朝食後, 余率淡乞,

---

172 避接(피접): 병의 원인이 분명하지 않거나 약을 써도 효험이 없을 때 살던 집을
피하여 다른 곳으로 옮겨 요양하던 풍습을 가리키는 말.

還入家中, 藏至其所儲雜物, 粗穀[174]卄餘石於樓上而鎖之, 其餘衣
服穀物, 盛之瓮裏, 埋於廳下, 招連金伊, 敎以謹守。而還到晉陽
家, 則似有厭態, 而且迫近病所, 故時欲移寓處。使老婢丏今, 借屋
於毛也上村[175], 則無肯許之者。及暮, 奉祖母, 率童婢先今 · 玉代
等, 借接於豆士村[176]李仁受[177], 仁受卽外家孼族也, 性甚寬厚者。
旣至, 欣然迎接, 遂虛其內室而處之, 其家眷則別處於土宇中, 其
厚待之, 誠不可量也。且仁受, 全城[178]孼裔, 貧窮不能聊生[179], 而
先祖神主, 盡藏於筐篚[180]中, 懸之壁上, 而遇節日, 則必開櫝而薦
之。雖在亂離貧窮中, 必盡奉先之禮, 其追遠[181]深, 誠可知矣。

---

173 晉陽(진양): 합천군 대양면 정양리. 정양마을에는 진양, 강가, 하회, 상회, 새터,
  얼말 6개의 자연마을로 형성되어 있다.

174 粗穀(조곡): 껍질도 벗기지 않고 가공도 하지 않은 상태의 곡식 낟알.

175 毛也上村(모야상촌)*: 합천군 율곡면 막민리 매실마을. 웃마을과 아랫마을이
  있다.

176 豆士村(두사촌)*: 합천군 율곡면 杜泗里. 웃매실의 옆 마을이다.

177 李仁受(이인수, 생몰년 미상): 본관은 江陽(합천). 아버지는 李彭年이다.『합천이
  씨세보』에 의하면, 이팽년은 吉命五의 딸, 全義李氏 李明胤의 딸, 星山李氏를
  부인으로 두었고, 2남4녀를 두었다. 두 아들로 天受와 良受만 있을 뿐 仁受는
  없다. 전의이씨 소생인 것으로 짐작된다.

178 全城(전성): 全義의 옛 이름. 전의는 충청남도 연기군 전의면 지역이다.

179 聊生(묘생): 주로 부정에 사용되어 안심하고 삶 또 의지하여 믿고 삶을 나타내
  는 말.

180 筐篚(광비): 대나무로 만든 그릇. 예물을 담는 광주리를 가리킨다.

181 追遠(추원): 愼終追遠에서 나온 말. 부모의 상을 당했을 때와 선조의 제사를
  지낼 때 애통함과 경건함을 극진히 하며 예법에 맞게 행하는 것을 말한다. 終은
  부모의 죽음을 뜻하고, 遠은 선조를 뜻하는데, 《논어》〈學而〉의 "어버이 상을

10월 27일

사형(舍兄: 도세옹)이 노복 명복(命卜)·가음년(加音年)·은복(銀卜)
을 데리고 왔다.【협주: 이때 부모와 형제는 난리를 피하여 증산(甑山)의 문예
촌(文芮村)으로 들어갔다.】

十月二十七日。

舍兄率奴命卜·加音年·銀卜而來。【時, 父母兄弟避亂, 入甑山文
芮村.】

11월 5일

사형(舍兄)이 증산(甑山)을 향해 돌아가는데, 나는 상사강(上巳江:
上己江의 오기) 가에서 전송하며 어정어정 그 자리에서 떠나지 못한
채 차마 서로 헤어지지 않으려 하니, 형이 말하기를, "이런 난세를
당하여 죽고 사는 것은 기약하기 어려우니 언제 다시 서로 볼는지
알 수 없구나."라고 하며 손을 서로 잡고서 우두커니 서 있었다. 눈물
이 줄줄 흘러내릴 즈음에 노복들이 날이 저물었다며 길 떠나기를
재촉하자, 형은 마침내 나와 헤어져 소를 타고 강을 건너는데 소가
발이 모래에 빠져 강물로 잘못 넘어지는 바람에 형의 윗옷과 바지가
모두 젖었지만, 미처 말릴 겨를이 없어 내 바지로 바꾸어 입고 길을

당했을 때 신중하게 행하고 먼 조상님들을 정성껏 제사 지내면 백성들의 덕성이
한결 돈후하게 될 것이다.(愼終追遠, 民德歸厚矣.)"에서 나온는 말이다.

떠나갔다. 나는 곧 형과 헤어진 뒤에 돌아왔는데, 마음이 멍하여
진정되지 않았다.

十一月五日。

舍兄還向甑山, 余送于上巳江[182]邊, 盤桓[183]不忍相別, 兄曰:
"當此亂世, 死生難期, 不知何日更相見耶?" 携手佇立。 泫然[184]淚
下之際, 奴輩以日晚促行, 兄遂別余, 騎牛渡江, 牛足溺沙, 誤仆
水中, 兄之衣袴盡濕, 未及乾燥, 換着吾袴而行。 余旣別兄而歸,
心懷惘然[185], 不能自定耳。

11월 21일

사형(舍兄)이 증산(甑山)에서 또 명복(命卜)·윤금이(允金伊)이 데리
고 왔다가 28일에 돌아갔다.

十一月二十一日。

舍兄自甑山, 又率命卜·允金伊而來, 卄八日還。

---

182 上巳江(상사강): 上巳江의 오기인 듯. 초계군 갑산면 두사촌을 감아 흐르는 황강.
   합천군 율곡면 己里에 있는 옷기[上己]마을에서 부르는 강이름이다. 두사촌에서는
   두사강이라고 불렀다.

183 盤桓(반환): 어정어정 머뭇거리면서 그 자리에서 멀리 떠나지 못하고 서성이는 일.

184 泫然(현연): 눈물이 줄줄 흐르는 모양.

185 惘然(망연): 실의에 빠져 뭔가 잊어버린 듯 정신이 멍한 모양.

12월 4일

윤금(允金: 윤금이)이 또 증산(甑山)에서 쇠고기 약간을 가지고 왔는데 곡물을 사들이도록 한 것이다. 내가 고기 2덩어리를 가지고 성산(城山)에 가서 증왕모(曾王母: 외조부의 어머니) 앞에 바친 뒤, 부모가 깊은 산속으로 피난한 것과 양식이 떨어져 곤경에 처한 상황을 모두 말하였다. 증왕모는 고기를 받지 않고 방아를 찧지 않은 벼 4되를 주셔서, 나는 가지고 곧바로 돌아왔다. 그러나 윤금이가 병이 있어서 누운 듯한 모습이라 그 까닭을 묻자, 말하기를, "어제 추위를 참고 물을 건넜더니 냉기(冷氣)가 온몸에 퍼져서 이로 인하여 병이 되었습니다."라고 운운하니, 따뜻한 국을 먹인 뒤로 날마다 조금씩 나았다.

十二月四日。

允金, 又自甑山, 持黃肉[186]若干而來, 令貿穀物。余持肉二脡, 徃獻城山[187]曾王母[188]前, 俱道父母避亂窮山·絶粮困頓[189]之狀。王母不受肉, 而以正租[190]四斗給之, 余持而卽還。而允金似有病臥之狀, 問其故, 則曰:"昨日, 忍寒渡水, 冷氣徧身, 因此成疾。"云云, 以溫羹饋之, 日以向歇矣。

---

186 黃肉(황육): 쇠고기.
187 城山(성산)*: 초계면의 동북방 상책면에 있는 지명.
188 曾王母(증왕모): 外曾王母. 곧 외조부의 어머니를 일컫는다. 도세순의 외증조부는 李希曾(1486~1569)이다. 자는 魯翁, 호는 明暉堂. 부인인 외증조모는 晉州柳氏 柳續의 딸이다. 생몰년은 알 수가 없다.
189 困頓(곤돈): 困乏. 아무것도 할 기력이 없을 만큼 지쳐 몹시 고단함.
190 正租(정조): 타작을 끝낸 뒤 방아를 찧지 않은 벼.

12월 9일[191]

나는 증산(甑山)으로 가서 부모를 뵈려는데, 윤금이(尹金伊)를 시켜 소금 및 벽어(碧魚: 청새치) 1두름을 짊어지고 길을 떠났다. 안천(安川) 앞에 이르러 강에 언 얼음에 올라 타서 건넜다.

상사령(上巳嶺: 上己嶺의 오기)에 이르자, 윤금이가 며칠 전에 앓았던 병이 다시 도져서 몇 걸음만 걸어도 반드시 쉬어야 했다. 이때 검은 구름이 하늘을 뒤덮고 찬바람이 매섭게 불어대니, 나는 병든 노복을 타일러 깨워 병을 무릅쓰고 길을 걷도록 하여 용담(用淡: 龍潭)의 박 대부(朴大父: 朴良佐) 집에 이르자, 날이 이미 저물었다.

저녁밥을 먹고 묵었다.

初九日。

余徃甑山, 省父母, 使尹金伊, 負食鹽[192]及碧魚一枝而行。到安川[193]前, 江登冰涉越。抵上巳嶺[194], 則允金前疾復作, 寸步必憩。于時, 黑雲蔽天, 寒風冽冽[195], 余曉喩病奴, 强疾而行, 至于用淡朴大父家, 則日已暮矣。夕飯而宿。

---

191 역주자가 붙인 것임.

192 食鹽(식염): 소금. 먹는 소금.

193 安川(안천)*: 합천군 율곡면 내천리. 황강이 오목하게 굽어 흐르는 곳의 안쪽 마을이다.

194 上巳嶺(상사령)*: 上己嶺의 오기인 듯. 상기강 북쪽의 고개. 큰재라고도 하는데, 야로 또는 해인사로 넘어가는 고개이다.

195 冽冽(열렬): 추위가 혹독한 모양.

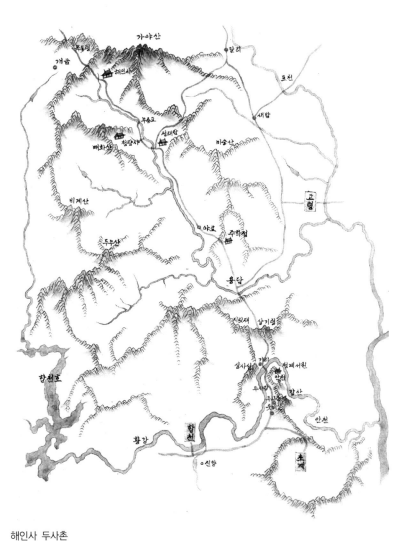

해인사 두사촌
출처: 『용사일기』(도두호 역, 김현철 그림, 새박, 2009), 55면.

12월 10일

윤금이(尹金伊)가 병으로 누워 일어나지 못하자, 주인집에서 자못 전염병일까 염려하였다. 나는 마음으로 매우 미안해 가지고 있던 생선과 소금을 마공(馬公) 집에 맡겨두고 마침내 죽을 끓여 먹였다. 병을 무릅쓰고 길을 나서도록 하여 주학정(住鶴亭)이 있는 고개 아래에 이르자, 윤금이가 길에서 쓰러져 발걸음을 뗄 수가 없었다. 내가 가지고 있던 양식을 모두 그에게 주고서 천천히 촌락의 민가로 들어가 병을 조리하고 뒤따라 오도록 하고, 나는 활과 칼을 들고 홀로 길을 떠났다.

어두워지기 시작할 무렵에야 각사(覺寺)의 정래암(鄭來庵)에 이르니, 승려들이 문을 닫아걸고 사람들을 들이지 않았다. 나는 한참 동안 문을 두드렸는데, 한 속인(俗人)이 문을 열어주어 안으로 들어가 다른 나그네들과 함께 법당(法堂)의 차가운 곳에서 묵었다.

十二月十日。

尹金病臥不起, 主家頗以染疾[196]爲慮。余心甚未安, 所持魚鹽, 借置於馬公家, 遂煮粥以饋之。使强疾登路[197], 至住鶴亭[198]嶺下, 尤金仆于路中, 不能運步。余盡給所齎之粮, 使之徐入村家, 調病追到, 而余持弓劍, 獨行。薄暮, 至覺寺[199]鄭來庵[200], 則僧徒閉

---

196 染疾(염질): 전염병. 유행병.
197 登路(등로): 길을 떠남. 출발함.
198 住鶴亭(주학정)*: 돈평 마을 앞에 있던 누정.
199 覺寺(각사)*: 합천군 가야면 야천리에 마을 이름.

門不入。余叩門良久, 有一俗人[201], 開門引入, 與行旅, 共宿于法
堂冷處。

12월 11일

새벽에 절을 나서니 산골짜기가 칠흑같이 어두운 데다 호랑이와
이리가 있을까 의심하여 칼을 뽑아들고 길을 떠났다. 무릉교(武陵橋)
에 이르니 해가 너댓 장 높이 떴다. 하지만 이때부터 굶주림과 피곤이
자못 심하여 걸음을 뗄 때마다 반드시 쉬어야 했고 간혹 눈을 한
움큼씩 삼키고서야 겨우 해인사(海印寺)에 도착하니, 절문은 닫아두
고 열지 않았다. 한 스님을 불러 들어가기를 청하였으나 돌아보지도
않고 가버려서 마침내 담장을 넘어 들어갔다.

듣건대 송 진사(宋進士: 대고모부 宋師顥의 차남 宋遠器)가 가족을
이끌고 이곳에 임시로 지낸다고 해서 곧장 찾아가 종고모(從姑母:
大姑母 또는 王姑母의 오기)를 뵈었는데, 인사말을 할 겨를도 없이 먼저
어제부터 오늘 아침까지 내내 아무것도 먹지 못하여 배가 하도 고파
서 곤경에 처한 상황을 고하니, 즉시 아침밥을 준비해주었다. 밥을
다 먹자 또 듣건대 김갑령(金甲齡) 아재 내외가 모두 이곳에 와 있다고
해서 찾아가 인사를 하였다.

---

200 鄭來庵(정래암)*: 주학정과 무릉교 사이에 있는 암자.
201 俗人(속인): 출가하지 않고 세속의 관습에 따라 생활하는 사람.

그리고 곧바로 사현(寺峴: 절고개, 협주: 馬乙丁)을 넘어서 이을음령
(異乙音嶺: 달음재)에 이르니 눈이 한 자나 넘게 쌓여 있었다. 이때
승냥이와 호랑이의 발자국이 눈길에 여기저기 있는 것을 보고 마음으
로 몹시 겁나는 것을 꾹 참고서 간신히 넘어갔다. 소현(素峴)에 이르
러 주인 양설경(梁雪京)을 만나서 임시 거처에 있는 사람들이 평안하
다는 기별을 들을 수 있었고, 또한 말하기를, "이곳에서 가는 길가에
우희섭(牛希燮)의 계집종 복개(復介)가 염병으로 죽어서 내버려져 있
으니, 곧장 그곳으로 가서는 안 됩니다."라고 하였다. 그 길을 버리고
샛길로 문예령(文芮嶺)을 넘어 임시 거처에 들어가니, 해가 아직도
서쪽으로 지기 전이었다.

나는 9월에 초계(草溪)로 갔을 때부터 지금에 이르기까지 4개월
만에야 비로소 왔다. 부모와 형제는 마치 다시 살아온 사람을 보듯
손을 잡고 눈물을 흘리면서 탄식하며 말하기를, "이런 극심한 변란을
만나 온 가족이 생명을 보존하였으니, 오늘날 다행스러움이 이보다
더 클 수가 없으리로다. 그리고 너는 먼 곳에 있어서 서로 볼 수가
없으니, 애비가 자식을 생각하여 그리워하는 정이 응당 어떠하였겠
느냐? 이로써 애태우는 것이 날로 더하다가 이제야 만나보게 되니
기쁨을 이길 수가 없구나."라고 하였다.

이때 김 대부(金大父: 金遇衰)가 처자식들을 데리고 양설경 집에
잠시 의탁해 지내고 있었는데, 염병의 기운이 한창 치성함에 나의
임시 거처와 양년(梁年)의 집은 단지 울타리 하나를 사이에 두고 있었
다. 그래서 염병이 전염될까 두려워서 문을 닫고 나가지 않았으며,

말 또한 감히 큰소리로 하지 않았다. 다만 도율(都慄) 및 도중정(都仲
丁: 都仲正의 오기인 듯) 아재는 서로 가까운 곳에 막사를 지었으나
모두 아무런 탈이 없었던 까닭에 더불어 같이 이야기를 나누었다.
사형(舍兄)이 말하기를, "염병을 앓고 있는 집들이 바짝 가까워 항상
몹시 두려운 마음이 있으니, 너는 응당 속히 돌아가거라."라고 하였
지만, 나는 무리하게 청하여 머물러 있었다. 저녁이 되자, 어머니가
손수 밥을 지어서 먹도록 해주며 말하기를, "너는 오늘만이라도 내가
손수 지은 밥을 배불리 먹거라. 이 뒤로 서로 만나보리라고 어찌
기약할 수 있겠느냐?"라고 하였다.

十二月十一日。

凌宵[202]出寺, 則林壑昏黑, 疑有虎狼, 遂拔劍而行。到武陵
橋[203], 則日高四五丈。自此, 飢困頗甚, 步步必息, 或拳雪而啖
之, 艱到海印寺, 則門閉而不開。呼一僧請入, 不顧而去, 遂踰墻
而入。聞宋進士[204], 携家寓此, 卽尋拜從姑[205], 不暇寒暄[206], 而先
告昨日今朝, 皆未得食, 飢甚困頓之狀, 卽饋以朝飯。食訖, 又聞

---

202 凌宵(능소): 새벽.
203 武陵橋(무릉교)*: 가야면 무릉동에서 해인사로 들어가는 길에 있는 계곡을 건너는
     다리.
204 宋進士(송진사): 도세순의 대고모부인 宋師顥의 둘째 아들 宋遠器를 가리킴.
     1573년에 생원시와 진사시에 합격하였다.
205 從姑(종고): 도세순의 아버지인 都夢麒의 고모이므로 대고모라야 함. 그 아들이라
     면 內從叔이고, 아들의 부인이라면 內從叔母이기 때문에 원문은 착종이다.
206 寒暄(한훤): 일기의 춥고 더움을 묻는 인사.

金叔甲齡內外, 皆到此, 徃拜。而卽逾寺峴【馬乙丁】, 至異乙音嶺,
則積雪盈尺。時見豹虎之迹, 交接於道, 心甚怖然, 艱關越涉。至
于素峴, 逢主人梁雪京, 得聞寓所, 平安之奇, 以且言:"此去路
邊, 牛[207]希變之婢復介, 以癘死而委棄之, 不可直徃其處。"云。舍
其路, 而徑踰文芮嶺, 入寓所, 則日尙未西也。余自九月徃草溪
至今, 四箇月始來也。父母兄弟, 如見再生之人, 握手垂涕而咨
嗟曰:"遭此極變, 一家得保, 今日幸莫大焉。而汝在遠地, 不得
相見, 父子思戀之情, 當如何哉? 以此疚懷[208]日增, 今旣覯之, 喜
不可勝也。"時金大父, 挈妻孥, 止接[209]于梁雪京家, 癘氣方熾, 而
與我寓所, 梁年家, 只隔一籬。是以, 恐其傳染, 杜門不出, 言語
亦不敢高聲。但都慄[210]及都叔[211]【仲丁】, 結幕相近處, 而皆無恙,
故與之同話也。舍兄曰:"病家迫近, 常有恐懼之心, 汝當速還。"
余强請留之。及夕, 母氏手炊飯, 以食之曰:"汝今飽吾手飯。日
後相見, 何可必也?"

---

207 牛(우): 禹의 오기인지 군의 오기인지 알 수 없어 그대로 번역함.
208 疚懷(구회): 일가붙이가 죽었을 때 마음이 텅 빈 것처럼 서운하여 슬퍼하는 회포.
209 止接(지접): 잠시 몸을 의탁하여 거주함.
210 都慄(도율): 성주도씨대동보에 등재되어 있지 않음.
211 都叔(도숙): 都仲丁. 성주도씨 2세손 忠朴 → 2남 有德 → 2남 孝安 → 3남 洪正
→ 3남 吉敷 → 1남 膺 → 1남 思勉 → 4남 震孫 → 1남 叔男 → 1남 應奎 → 3남 '仲正'
으로 성주도씨 12세손이며, 대동보의 한자이름과 서로 다르다. 또한 도세순에게는
祖行이라서 협주가 착종이다.

12월 13일

장차 초계(草溪)로 돌아가려 하자 어머니가 더욱 그지없이 슬피 흐느껴 우니, 모자가 서로 마주보며 눈물을 흘리다가 헤어졌다. 천천 히 가다가 뒤돌아보니, 어머니는 문에 기대고 멀리 바라보는데 내가 점점 멀어져 가서 보이지 않은 뒤에야 그만두었다.

이을음령(異乙音嶺: 달음재)에 이르자 얼음과 눈으로 길이 막혀 타고 가던 말을 가족들이 지내는 임시 거처로 돌려보냈다. 오직 명복(命卜)과 함께 한 걸음 한 걸음 나아가 고개에 오르니, 아림(鵝林: 거창)의 복병군(伏兵軍)이 모여 이곳에 주둔하고서 왕래하는 행인들을 엄중히 금하였다. 명복에게 고갯마루에 머물러 있게 한 뒤, 나 홀로 넘어서 복병장 신호(愼浩)를 만나 명복 노복을 불러들일 수 있도록 해달라고 청하니, 그제야 허락하였다.

김 대부(金大父: 金遇袞) 및 기산(岐山) 아재 부자(父子)와 도항(都項) 등 여러 아재들이 먼저 이곳에 와 있었다. 한낮이 되자 지원(志遠: 金應袞의 아들 金轇) 형이 그의 부모를 받들어 모시고 그의 아내를 데리고서 거창(居昌)을 향하여 갔다. 나와 김 대부(金大父)는 함께 해인사(海印寺)로 가서 송 진사(宋進士: 대고모부 宋師顥의 둘째 아들 宋遠器)에게 인사하였는데, 아재가 염병을 앓고 있는 사람의 집을 왕래하였던 것을 염려하는 것으로 인하여 김갑령(金甲齡) 아재가 지내고 있는 방으로 갔다. 저녁밥을 먹고서야 원융료(圓融寮)에서 묵었다.

十二月十三日。

將還草溪也, 母氏尤極悲噓, 母子相對, 涕泣而別。徐行回顧,則母氏倚門而遠望, 及吾行漸遠, 不見而後已。至異乙音嶺, 冰雪塞路, 還送所騎馬于寓所。獨與命卜, 步步登嶺, 則鵝林²¹²伏兵軍, 屯聚于此, 禁截往來行人。留命卜于嶺上, 余獨踰越, 見伏兵將愼浩, 請招入卜奴, 乃許之。金大父及岐山²¹³叔父子都項²¹⁴, 各叔先來到此矣。日午, 志遠²¹⁵兄, 奉其親, 挈其妻, 向往居昌。余與金大父, 偕往海印寺, 拜于宋進士, 叔則以往來病家爲慮, 因往金甲齡叔所接之房。夕飯而宿于圓融寮²¹⁶。

12월 14일

김 대부(金大父: 金遇巹)가 먼저 되돌아갔다. 나 또한 뒤따라 주학정(住鶴亭)에 이르렀는데, 윤금이(尹金伊)가 종전부터 앓던 병이 아직도 낫지 않아서 천천히 올라오다가 우리들을 보고 땅에 쓰러져 통곡하였다. 그 연유를 물으니 오랫동안 목이 메도록 흐느껴 운 뒤에야 답하기를, "가지고 있던 양식은 즉시 잃어버리고서 병든 몸을 끌고

---

212 鵝林(아림): 居昌의 옛 이름.

213 岐山(기산)*: 칠곡군 기산면 지역. 벽진에서 동쪽으로 10km 떨어진 곳이다.

214 都項(도항): 성주도씨대동보에는 등재되어 있지 않음.

215 志遠(지원): 金軼(1564~1636)의 字. 본관은 海平, 호는 雲巖. 조부는 현감 金璟이고, 부친은 호조정랑 金應襃이다. 1605년 사마시에 합격하고, 1624년 증광 문과에 급제하였다. 典籍·공조 좌랑·병조 좌랑·예조 정랑 등을 거쳐 務安縣監이 되었다.

216 圓融寮(원융료): 해인사 내의 요사채. 해인사중수기에 의하면, 지금의 규모로 확장된 시기는 1488년에서 1490년까지이다.

촌락의 민가로 들어가자 사람들이 모두 막대기를 들고 쫓아내니, 길가에 엎어져 넘어진채로 서리와 눈 위에 있은 지 이미 며칠이 되었습니다. 병든 데다 굶주려서 집으로 돌아갈 힘이 전혀 없었으니, 만약 도랑이나 골짜기에서 죽었다면 누가 저를 위해 뼈를 거두어 묻어주겠습니까?"라고 하면서 목소리가 잠길 정도로 통곡하였다. 나는 가엾고 불쌍히 여기는 마음을 스스로 억제할 수가 없어서 바위 위에 앉아 명복(命卜)에게 가지고 있던 찰밥을 덜어주어 먹이도록 하니, 명복이가 말하기를, "해가 벌써 서쪽으로 넘어갔고 또 염병에 걸렸을지 의심스러운 사람과 이와 같이 오래 앉아 있어서는 안 됩니다."라고 하였다. 나는 이 말을 자못 옳게 여겨 다시 윤금이를 달래고 손가락으로 가리켜 보내면서 말하기를, "목숨을 보전하는데 만전을 기하여 다시 임시 거처로 오너라."라고 당부하였다. 나는 박 대부(朴大父: 朴良佐)의 집으로 가서 묵었다.

　十二月十四日。

　金大父先還。余亦尾行, 至住鶴亭上, 則允金前病尙未愈, 徐徐上來, 及見余等, 仆地而哭。問其所以, 則哽咽良久, 而後答曰："所持之粮, 卽時見失, 扶病而入村家, 則人皆杖逐之, 顚仆[217] 路邊, 霜雪上已累日矣。病且飢, 萬無還家之力, 若死於溝壑, 則誰爲吾掩骨也?"因失聲痛哭[218]。余惻然不能自抑, 坐於石上, 使

---

217 顚仆(전부): 엎어져 넘어짐.
218 失聲痛哭(실성통곡): 목소리가 가라앉아 나오지 않을 정도로 소리를 높여 슬퍼움.

命卜除所齎粘飯, 以食之, 命卜云:"日已西下, 且不可與可疑病人, 如是久坐."余頗然之, 更喩允金, 誡以指送曰:"萬全軀命, 轉到寓所."余則來宿于朴大父家。

12월 15일

명복(命卜)을 증산(甑山)으로 돌려보내면서 며칠 전에 맡겨두었던 생선과 소금을 모두 보내오도록 하였다. 나 홀로 길을 떠나서 두사촌(豆士村)의 이인수(李仁受) 집에 돌아오니, 계조모(繼祖母)는 여전히 아무런 탈이 없었다.

대청마루 아래에 묻어두었던 물건으로 정도(正稻) 30말을 11월 2일에 잃었고, 24일에는 점조(粘租: 찰벼) 10말 및 중과(中袴: 중바지) 2벌, 한삼(汗衫: 속옷) 2벌, 포금(布衾: 무명 이불) 1개, 장의(長衣) 1벌, 정마(精麻: 거친 껍질을 훑어내고 말린 마) 6속, 정도(正稻) 10말을 잃었다. 또 12월 6일에는 조도(早稻: 올벼) 24말을 잃었고, 23일에는 도(稻: 벼) 13말, 저상(苧裳: 모시 치마) 1벌, 임(荏: 들깨) 1말을 도둑맞았다.

신이(信伊)의 소행으로 의심스러워 캐물었으나 자복하지 않으니 무엇을 확실히 가려낼 수가 없었다.

十二月十五日。

命卜還送甑山, 而前日所置魚鹽, 並送之。余獨行歸豆士李仁受家, 祖母尙無恙也。廳下所埋之物, 正稻三十斗, 至月[219]二日見失, 二十四日, 粘租十斗及中袴二件, 汗衫二件, 布衾一, 長衣一, 精麻六束, 正稻十斗, 失之。又十二月初六日, 早稻二十四斗 失之, 二十三日, 稻十三斗, 苧裳一件, 荏一斗見賊。疑其信伊所 爲, 究問[220]不服, 莫能指的[221]。

12월 25일

새벽에 김오을미(金哥乙未)가 와서 말하기를, "도적맞은 물건을 거의 찾을 수 있을 것 같습니다."라고 하는지라, 자세히 물으니 강우 음석(姜于音石)이란 자가 훔쳐갔다고 하였다. 나는 김오을미와 함께 연금이(連金伊) 집에 가서 아침밥을 먹었다. 이때 연금이의 집은 여질 (癘疾: 돌림병)이 이미 나아서 이웃 사람들이 서로 통하여 왕래하였다.

먼저 강우음석과 함께 도둑질한 아이들을 붙잡아서 꾸짖으며 물으 니 환히 알 수 있게 또렷이 자백하였다. 도장(都將) 이두성(李斗星)에 게 강우음석 집을 엄습하도록 청하였지만 체포하지 못하고, 그의 아비와 한막손(韓莫孫)이란 자를 붙잡아서 가두었는데, 한막손은 바 로 강우음석의 동서(同壻)였다. 다음날 나는 관아에 고소하여 잃었던 물건들을 되찾으려고 관아에 갔으나 태수(太守)를 만나지 못한 채 돌아왔다. 그 뒤로 숫소 1마리와 작은 송아지 1마리를 징수해 갔다.

---

219 至月(지월): 동짓달.
220 究問(구문): 캐어 물음.
221 指的(지적): 어느 사물을 꼭 집어서 분명하게 가리킴.

이날 저녁에 나는 밥상이 들어와 막 먹으려고 하였으나 몸이 몹시 불편하여 하품과 기지개를 빈번히 하고 한기(寒氣)가 온몸에 퍼지니 이로 인해 앓고 눕게 되었는데, 이것은 얼마 전에 연금이 집에 갔을 때 전염된 병이었다.

十二月二十五日。

曉, 金吾乙未來言: "逢賊之物, 庶可推得." 詳問之, 則姜于音石者, 偸去云。余與吾乙未, 偕來連金家, 朝飯。時連金家, 癘疾已歇, 隣人相通徃來也。先執于音石之所與同偸童子, 推問, 則歷歷自服。請都將李斗星, 掩襲于音石家而失捕, 執其父與韓莫孫者, 囚之, 莫孫乃于音石之同壻也。明日, 余欲訴官而推徵所失之物, 徃官府, 不見太守而歸。其後, 以雄牛一隻·小犢一徵捧[222]。是夕, 余進飯將食, 而氣甚不平, 欠伸頻數, 寒粟[223]偏體, 因此痛臥, 斯則向日歸連金家, 時傳染之疾也。

12월 28일

병세가 점점 중해진 까닭에 부득이 계조모(繼祖母)를 모시고 본가로 되돌아와서 10여 일이나 더 앓은 뒤에야 일어났지만, 계조모와 어린 계집종이 잇따라 전염되었다. 이로부터 전염병의 기운이 다시

---

222 徵捧(징봉): 국가에서 백성에게 세금 따위를 물리어 받아들임.
223 寒粟(한속): 寒氣. 추워서 몸에 끼치는 소름.

치성하였다.

　十二月二十八日。

　病勢漸重，故不獲已奉祖母，還入本家，苦痛十餘日而起，祖母及童婢，相繼染痛。自是，染氣復熾。

계사년(1593)

만력 21년 선조 26년

1월 9일

가친(家親: 아버지 도몽기)이 증산(甑山)에서 명복(命卜)을 거느리고 왔는데, 집안에 전염병이 치성한 것을 듣고 이인수(李仁受) 집을 빌려 지내면서 두사촌(豆士村)의 논을 내경(內京)에게 팔고 곡물을 받아들 였다.

癸巳正月九日。

家親, 自甑山率命卜而來, 聞家中病熾, 借接於李仁受家, 賣豆士沓於內京處, 捧穀物。

1월 17일

사형(舍兄: 도세웅)이 증산에서 뒤쫓아 왔다가, 19일에 가군(家君: 아버지 도몽기)을 모시고서 양식을 운반해 증산으로 돌아갔다.

十七日。

舍兄, 自甑山追到, 十九日, 陪家君, 運粮而還甑山。

1월 29일

가음년이 왔다.

二十九日。

加音年來。

2월 3일

가음년이 성산으로 돌아갔다.

二月三日。

加音年還星山

2월 22일

사형(舍兄)이 성산에서 왔다.【협주: 이때 부모는 광대원으로 옮겨서 임시로 지냈다.】

二十二日。

舍兄自星山來。【時, 父母移寓於廣大院.】

3월 3일

이거(李琚: 字는 士聞)가 와서 대청 남쪽 처마 밑에 앉아 서로 이야기를 나누었다. 정이 날로 두터워져서 돌아갈 즈음에 시(詩) 한 절구(絶

句)를 읊조리니, 이러하다.

유인이 취해 일어나 창 열고 바라보니	幽人醉起推窓望
적적한 강가 십리엔 아지랑이로구나.	寂寂江沙十里烟
문득 바람결에 찾아온 붉은 꽃잎 남아	更愛風邊紅艷在
마을 살구가지에도 봄기운 띠었구나.	一枝村杏帶春妍

이거의 3형제는 양친을 모시고 와서 담장 너머 집에 임시로 지냈는데, 나와 날마다 서로 어울려 정이 매우 돈독하였던 사람들이다.

三月三日。

李士閨琚來, 坐廳南簷下, 相話。日密將歸, 吟詩一絶句曰: "幽人[1]醉起推窓望, 寂寂江沙十里烟. 更愛風邊紅艷在, 一枝村杏帶春妍." 琚之三昆季, 奉其雙親, 來寓於隔墻家, 與余日日相從, 情好甚篤者也。

4월 11일

사형(舍兄: 도세옹)이 도시인(都是仁: 재종형제간) 씨와 성산에서 왔는데, 다음날 함께 삼가로 가 소금을 사서 돌아왔다.

四月十一日。

---

1 幽人(유인): 속세를 피해 조용히 숨어 사는 사람.

舍兄, 與是仁氏, 自星山來, 明日, 同住三嘉², 貿鹽而還。

4월 16일

배협과 그의 4촌 형제들이 나를 찾아와 소나무 정자 아래에 앉고
사람을 보내어 불러내니, 내가 나가서 서로 이야기를 나누고 아침을
먹은 뒤에 갔다.

四月十六日。

裵協與其從弟, 尋余而來, 坐于松亭下, 使人呼之, 余出相話,
朝飯而去。

4월 19일

나는 성산에 가서 며칠 머물다가 돌아왔다.

十九日。

余住城山, 留數日歸。

5월 1일

가음년이 성산에서 왔다가 5일에 양식을 가지고 갔는데, 도중에

---

2   三嘉(삼가): 경상남도 합천군 삼가면 일대.

도망쳐 갔으니 매우 가슴 아픈 일이었다.

五月一日。

加音年, 自星山來, 初五日, 持粮而去, 中路逃去, 甚可痛也。

5월 9일

연금(年金: 連金의 오기인 듯)이가 천병(天兵: 명나라 군대)에게 음식을 제공하기 위해 마군(馬軍: 馬兵)을 따라 상주에 갔다.

初九日。

年金[3], 以天兵支供[4], 從馬軍, 徃尙州[5]。

5월 25일

종숙(從叔) 도장(都章)이 전하기를, "아버지가 병명을 알기 어려운 질병을 앓아 10여 일이 지난 뒤에야 일어났지만, 사형(舍兄: 도세웅)이 뒤따라 앓아 누워서 한창 고통스러워 하는 중에 있다."라고 하니, 걱정스럽기 그지없어 마음과 정신이 산란하였다. 그리고 이때 강물이 불어나 범람하여 건너다니기가 어려우니, 집 소식을 다시 들을

---

3 年金(연금): 連金(또는 連金伊)의 오기인 듯.
4 支供(지공): 음식물을 이바지함.
5 尙州(상주): 경상북도 서북부에 있는 고을. 동쪽은 예천군·의성군, 서쪽은 충청북도 옥천군·보은군·영동군, 남쪽은 구미시·김천시, 북쪽은 문경시와 접한다.

수가 없어서 단지 스스로 마음이 상하여 문드러졌을 뿐이었다.

二十五日。

從叔章傳:"親患難名之疾, 十餘日而起, 舍兄繼臥, 方在痛苦中."云, 憂慮罔極, 心神散亂。而時江水漲溢, 難越涉, 不能更聞消息, 只自腐傷而已。

6월 1일

도장(都章) 종숙이 비로소 돌아갔는데, 옥립(玉粒: 옥 같이 흰 쌀) 5되를 찾아서 광원(廣院: 廣大院)에 보냈다.

六月一日。

章叔始還, 覓送玉粒[6]五升于廣院[7]。

6월 7일

연금이(連金伊)가 상주에서 와 말하기를, "돌아오는 길에 광원(廣院: 廣大院)에 들렀더니 병이 돌아 전염되고 있었습니다."라고 하였으며, 또 들으니 어머니께서 이미 병으로 자리에 누워 있다고 하였다.

初七日。

---

6 玉粒(옥립): 옥과 같이 흰 쌀.
7 廣院(광원): 廣大院의 오기. 1593년 2월 22일의 협주를 보면 廣大院으로 나온다.

連金, 自尙州來, 言:"歸路, 歷入廣院, 則病患傳染."又聞母親
已寢疾⁸矣。

6월 11일

명복이 광원(廣院: 廣大院)에서 와 비로소 이 세상이 다하는 비통한
부음(訃音: 모친의 부음)을 전하였다. 시체를 부여잡고 가슴을 쳐야할
비통함 속에 천지가 아득하기만 한데도 그 사이에 모친상을 맞아
달려가 장례를 치른 일은 차마 다 기록할 수가 없다.

十一日。

命卜, 自廣院來, 始傳終天⁹之訃。攀擗¹⁰之痛, 地茫茫, 其間奔
哭¹¹, 事不忍盡記。

7월 2일

사형(舍兄: 도세웅)이 광원(廣院: 廣大院)에서 왔는데, 이때 왜적이

---

8 寢疾(침질): 병으로 자리에 누움.
9 終天(종천): 終天之慟. 몸을 마칠 때까지의 슬픔이라는 말로 보통 부모상을 가리킨
　　다. 도세순의 아버지 도몽기는 1594년 11월 2일에 죽었으므로 여기서는 어머니의
　　상을 일컫는다.
10 攀擗(반벽): 시체를 부여잡고 가슴을 침.
11 奔哭(분곡): 먼 곳에서 어버이의 죽음을 듣고 급히 돌아감.

의령 지역으로 나와서 주둔하여 사람들이 모두 산골짜기에 피신하여
숨었지만 사형은 남아서 계조모(繼祖母)를 모시고 상사(上舍: 上己의
오기)의 성(城: 백마성) 아래로 옮겨가 피신하였다.

나는 3일에 장차 성산으로 돌아가고자 고령의 김로(金輅) 아재가
임시로 거처하는 곳에 가서 묵었고, 4일에 광원(廣院: 광대원)으로
돌아갔더니 아버지 및 동생과 누이 모두가 평안하여 함께 머물렀다.

七月二日。

舍兄自廣院來, 時倭賊進屯宜寧地, 人皆避匿山谷, 舍兄留陪祖
母, 移避于上舍¹²城下。余則初三日, 將返星山, 徃宿于高靈金叔
【輅】所寓之家, 初四日, 歸廣院, 則父親及弟妹, 皆平安矣, 同留。

7월 10일

나는 대원(大院)에서 용담산(用淡山)의 다촌(茶村)에 이르러 은행나
무 아래에서 쉬었다. 이때 이선승(李善承: 李胤緒) 아재 및 류사순(柳
士順)이 가솔들을 이끌고 난리를 피하여 이곳으로 와 노숙하고 있었
다. 나 또한 이곳에 머물며 저녁밥을 먹고 묵었다. 다음날 아침밥을
박씨(朴氏: 朴之聞) 아재네 집에서 먹은 뒤 얼마 있다가 모야(毛也:

---

12 上舍(상사): 웃기마을의 한자표기 上己의 오기. 웃기마을 북쪽에 백마산이 있고,
   이곳에 산성이 있었으니 백마산성이라 불렀다.

매실)로 왔더니, 사형(舍兄: 도세옹)이 계조모(繼祖母)를 모시고 이미
돌아와 있었다.

그리고 의령(宜寧)에 주둔해 있던 왜적이 바닷가로 퇴각하였다고
하였다.

七月十日。

余自大院, 至用淡山茶村, 憇于銀杏樹下。時李善承[13]叔及柳
士順, 率家屬, 避亂而露屯於此矣。余亦留此, 夕飯而宿。明朝飯
于朴叔[14]家, 因來毛也[15], 則舍兄, 奉祖母已還。而宜寧屯賊, 退
去海邊云。

---

13 善承(선승): 李胤緖(1574~1624)의 字. 본관은 陜川, 호는 三友堂. 1594년 무과에
    급제한 뒤 1600년 선전관이 되어 武弁으로 비변사 낭관을 겸하고, 1609년 청하현감
    이 되었다가 1612년 조그마한 일에 관련되어 파직되었다. 1618년 성진 첨절제사로
    나가 임기가 끝나자 함흥별장이 되었다. 1620년 구성부사가 되었다. 1624년 李适의
    휘하에 있다가 반역자를 처단하지 못한 일을 자책하고 자결하였다. 許穆의《記言
    別集》권22 〈贈贊成李公墓表〉가 있다.
    그의 아버지 李天受는 도세순의 어머니인 합천이씨의 백부이므로 도세순에게
    叔行이다.
14 朴叔(박숙): 朴之闓(1536~?)을 가리킴. 본관은 密陽, 자는 愼卿, 호는 月窩.
    아들로 朴凱가 있다. 도세순의 재종조부 都祥胤의 사위로, 도세순에게 叔行이다.
    張錫英의《晦堂先生文集》권36 〈健元陵參奉朴公墓碣銘〉에서 확인할 수 있는
    데, 都祥胤을 都祥鳳으로 잘못 기재되어 있다.
15 毛也(모야)*: 합천군 율곡면 낙민리 매실 마을. 웃매실과 아랫매실이 있다. 두사촌
    옆마을이다.

7월 13일

사형(舍兄)이 대원(大院)으로 돌아갔는데, 25일에 대원에서 두 동생 복일과 예일을 데리고 돌아왔다.

七月十三日。

舍兄還大院, 二十五日, 自大院, 率二弟復一·禮一而來。

8월 9일

사형(舍兄)은 광원(廣院: 광대원)으로 돌아갔고, 두 동생은 이곳에 머물렀다.

八月九日。

舍兄歸廣院, 二弟則留此。

8월 20일

사형(舍兄)은 대원(大院)에서 —ㅠ를 데리고 왔다.

二十日。

舍兄, 自大院, 率命己而來。

8월 22일

명기(命己)가 먼저 대원(大院)으로 돌아갔다. 이날 문 정자(文正字:

文勵) 아재가 나에게 은(銀)이 있다는 것을 듣고 사람을 보내어 사려 하였는데, 사형(舍兄)이 은 8냥을 가져가서 팔고 30말 및 무명 2필을 받아 왔다.

卄二日。

命己先還大院。是日, 文正字[16]叔, 聞余之有銀, 而送人請買, 舍兄持去賣八兩銀, 捧三十斗及木二匹而歸。

8월 26일

사형(舍兄)은 서형수(庶兄嫂) 신씨(辛氏) 밭의 송사로 말미암아 본군(本郡: 성주군)의 관아에 갔다가 성산(城山)으로 와서 다음날 돌아왔는데, 그믐날 대원(大院)으로 돌아갔다.

二十六日。

---

16 文正字(문정자): 文勵(1553~1605)를 가리킴. 본관은 南平, 자는 子信, 호는 雪溪. 1589년 증광 문과에 급제하였다. 1592년 承文院正字가 되고, 그 해 임진왜란이 일어나자 임금을 의주까지 호종하였다. 이듬해 郭再祐) 함께 왜적을 치는 데 크게 공을 세웠다. 1600년 헌납·교리를 거쳐 成均館直講이 되고, 이듬해 외직인 昌原判官으로 나갔다가 1602년 掌令이 되었다. 1603년 執義가 되어 스승인 정인홍을 모함한 李貴를 탄핵하다가 뜻을 이루지 못하였다. 고향인 영남으로 돌아갔다가 곧 尙衣院正으로 복직, 이어서 弼善이 되었다. 1604년 司瞻寺副正을 거쳐, 通禮院贊儀가 되었다. 그 뒤 宗廟署令을 지내고, 이어서 사간을 역임하였다. 그의 아버지가 文益成인바, 도세순의 어머니 江陽李氏의 고모부로 李彭年의 사위이다. 『합천이씨세보』에 문익성의 아들로 文協과 文勵이 기재되어 있다. 따라서 도세순에게 문려가 叔行이다.

舍兄, 以庶嫂辛氏田訟事, 徃本郡官府, 因向城山, 明日還, 晦
日還大院。

9월 2일

나는 남은 은값을 받으려는 일로 문 정자(文正字: 文勵) 아재 집에
갔지만, 그 아재가 마침 출타하여 만나지 못하고 돌아왔다.

九月二日。

余以推捧[17]銀價事, 徃文正字叔家, 則文叔, 適出不遇而歸。

9월 6일

새벽에 담걸(淡乞)의 처가 달려와서 고하기를, "합천 사람들이 무
리를 지어 금대(金代)의 집을 빙 둘러 에워싸고 있습니다."라고 하였
다. 내가 놀래서 일어나 나가 보니, 과연 그 말과 같이 금대를 결박하
여 끌고 가는 것이었다. 부장(副將) 이명세(李明世)에게 부탁하여 마
을사람들을 불러 모아 강변(江邊: 상기강)까지 뒤따라가서 금대를 도
로 빼앗아왔다. 그 무리들은 달아나 흩어졌지만 그 중의 한 놈을
붙잡아 묶어서 곤장을 쳤다.

대개 지난번에 금대의 남편 집안사람들이 소 1마리를 끌고가 금대

---

17 推捧(추봉): (돈이나 곡식 따위를) 추심하여 받아들이거나 물리어서 거두어 들임.

의 집에서 잠시 의탁해 있다가 사사로이 도살하였는데, 강양(江陽: 합천) 사람인 유덕명(劉德明)이란 자가 소를 잃어버려 자기의 소가 아닌가 의심하여서 이와 같이 밤을 틈타 붙잡으러 온 것이었다.

九月六日。

曉, 淡乞之妻, 奔告曰: "陝川[18]人成群, 環圍於金代家." 余驚起, 出視之, 果如其言, 結縛金代, 曳而去之。請于副將李明世, 招集村人, 追至江滸, 奪金代。其徒渙散, 捉其一者, 縛而棍打之。盖前者, 金代之夫族, 牽一牛, 止接[19]于金代家, 私自屠殺, 江陽[20]人劉德明者, 失其牛, 疑其渠之牛, 而如是乘夜來捕也。

9월 16일

명복(命卜)이 광원(廣院)에서 왔다. 다음날 나와 동생 복일(復一)이 명복을 데리고 제사에 쓸 기름과 과일 1상자를 마련하여 광원으로 돌아가다가 용담(用淡: 龍潭)에서 묵었다.

九月十六日。

命卜自廣院來。翌日, 余與復一弟, 率命卜, 齎祭用油·果一筒, 歸廣院住, 宿于用淡。

---

18 陝川(합천): 경상남도 북서부에 있는 고을. 동쪽은 창녕군, 서쪽은 거창군, 남쪽은 의령군·산청군, 북쪽은 경상북도 고령군·성주군과 접한다.

19 止接(지접): 잠시 몸을 의탁하여 거주함.

20 江陽(강양)*: 합천군 대목면 정양리.

9월 18일

김 대부(金大父: 金遇袞)와 함께 가다가 장동(長洞) 박씨(朴氏: 朴之聞) 아재 집에 이르러 묵었다. 다음날 비를 무릅쓰고 광원(廣院: 광대원)의 도습(都習: 도세순의 당숙) 집으로 돌아갔다.

九月十八日。

與金大父偕行, 至長洞[21]朴叔家而宿。明日, 冒雨而歸廣院都習[22]家。

9월 20일

백일제(百日祭: 도세순의 모친 강양이씨)를 지냈다. 다음날 사형(舍兄)과 함께 운곡(雲谷)의 집터로 갔다가 감을 따고 묵었다. 또 다음날 대원(大院)으로 돌아왔다.

九月二十日。

行百日祭。明日, 與舍兄, 歸雲谷家基, 摘柿而宿。又明日, 還大院。

---

21 長洞(장동)*: 대가면 대천리 장밭.
22 都習(도습, 생몰년 미상): 도세순의 조부인 都台輔의 셋째 동생인 都用輔의 아들. 자는 悅卿. 通德郎을 지냈다. 도세순에게 당숙이다.

9월 24일

가군(家君: 도몽기)이 성법산(省法山)에 있는 목사(牧使)에게 어떤 일로 갔다가 진중(陣中)에 머물고 돌아오지 않았다.

廿四日。

家君, 以事徃省法山²³牧伯, 留陣處而未還

9월 25일

나와 사형(舍兄) 및 동생 복일(復一)이 광원(廣院: 광대원)에서 팔계(八溪: 초계면의 두사촌과 메실 등지)로 갔는데, 길을 떠나 야로(冶爐)에 이르렀을 때 날이 벌써 저물어서 하취해(河就海)의 노비 집을 빌려 묵었다.

이때 김행원(金行遠) 형이 그의 아버지를 모시고 이곳에 지내고 있어서 그와 함께 이야기를 나누다가 다음날 모야(毛也: 매실)로 돌아왔다.

九月二十五日。

余與舍兄及復一弟, 自廣院, 徃八溪²⁴, 行至冶爐²⁵, 日已暮矣,

---

23 省法山(성법산)*: 성주군 수륜면 남은리 일대의 省法山坊.

24 八溪(팔계): 경상남도 합천군 중동부에 있는 초계면 지역.

25 冶爐(야로): 조선시대에는 합천군 縣內面. 上北面과 下北面을 합쳐 야로면이 되었다. 가야산 남쪽에 있어 해인사로 들어가는 길목이어서, 동서로는 거창과 현풍을 연결하고 남북으로는 합천과 성주, 금산을 연결하는 길목이었다.

借宿於河就海[26]奴家。時金兄行遠, 奉其父親, 來接於此矣, 與之
叙話[27], 明日還毛也。

10월 7일

신씨 형수(辛氏兄嫂: 도세웅의 측실)의 논밭 곡식을 타작하여 24말로
나누었다.

十月七日。

打辛氏嫂田粟, 分卄四斗。

10월 19일

사형(舍兄)이 대원(大院)으로 돌아갔다. 전날 놋쇠쟁반을 이대약
(李大約)에게 팔려고 했으나 단지 추모(秋牟: 가을 보리) 3되만 치러
주려 하는 바람에 그만두었다. 이번에 갈 때 스스로 짊어지고 돌아가
운곡(雲谷)에서 밭을 갈고 씨를 뿌렸다.

十九日。

舍兄歸大院。前日, 賣鍮錚盤於李大約[28], 許只捧秋牟三斗而

---

26 河就海(하취해, 생몰년 미상): 본관은 晉陽. 구체적인 정보는 알수 없으나, 星山人
    李惟碩(1604~1657)의 외조부이다.
27 叙話(서화): 이야기를 나눔. 담화함.
28 李大約(이대약, 1560~1614): 본관은 全義, 자는 善修, 호는 省皐. 아버지는 李得

置之。是行也 自擔而歸, 耕種於雲谷也。

11월 1일

사형(舍兄)이 명기(命己)·어매(於梅)를 데리고 와서 5일에는 주달문(朱達文)에게 어매를 팔고 9일에는 사형이 대원(大院)으로 돌아갔다.

十一月一日。

舍兄率命己·於梅而來, 五日, 賣於梅于朱達文, 初九日, 舍兄歸大院。

11월 13일

나는 은값을 치르도록 재촉하려고 천곡(泉谷: 샘실)에 갔더니, 문씨(文氏: 文勵) 아재가 또 출타하여 만나보지 못했다. 오직 이강산(李江山)과 서로 이야기를 나누다가 저물 무렵에야 돌아오니, 배복원(裵福源)이 고양(高陽: 高靈)에서 나를 찾아와 바야흐로 발돋음하여 기다리고 있었다. 서로 보게 되자 몹시 기뻐서 저녁밥을 먹고 연금(連今)의

蕡, 어머니는 陜川李氏 李希顔의 딸이다. 의병장 李大期(1551~1628)의 동생이다. 도세순의 외조부가 합천이씨 18세 允儌→1남 希曾→1남 彭年→2남으로 이어지는 21세손 李良受인데, 도윤검의 셋째 아들이 바로 이희안이다. 도세순의 외조부인 이양수의 재종고모의 아들이다. 『합천이씨세보』에는 이득분을 李得貴로 잘못 기재되어 있다.

작은 방에서 잤는데, 마른 대나무를 태워서 구걸한 노란 콩을 구워
먹으며 이야기를 나누느라 밤새도록 자지도 않았으니 또한 난리 중에
기이한 일이었다.

다음날 아침에 연금이가 아침밥을 지어 올렸다. 돌아갈 때 그의
손을 잡고 함께 길을 떠나 두사강(豆土江) 가에 이르자 강 언덕에서
헤어지기 섭섭하여 차마 헤어지지 못하고 서로 마주보며 눈물을 흘리
다가 떠나갔다. 헤어진 뒤에 마음이 아득하여 종일토록 무료하였다.

十一月十三日。

余欲促捧銀價, 徃泉谷[29], 則文叔, 又出而不逢。唯與李江山相
話, 趁暮而歸, 則裵福源, 自高陽[30], 尋我而來, 方跂足而待也。及
見相與, 喜極夕飯, 而宿于連今小房, 燃枯竹, 炮其所丐黃豆, 且
啖且話, 終宵不寐, 亦亂離中奇事也。翌朝, 連今炊飯而進。其歸
也, 與之携手同行, 至豆士江上, 徘徊岸邊, 不忍分袂, 相對涕泣
而去。別後茫茫, 終日無聊也。

11월 16일

가군(家君: 도몽기)이 누이를 데리고 고령(高靈)에서 왔다. 내가 금
대(金代) 집의 작은 소를 이끌고 또 정순원(鄭舜元)의 말안장을 빌려서

---

29 泉谷(천곡)*: 샘실. 합천군 율곡면 본천리에 있는 마을.
30 高陽(고양): 高靈의 별호. 靈川이라고도 하였다.

는 상사강(上巳江: 上己江의 오기) 가로 나아가서 맞고자 기다렸다가
아버지를 모시고 왔다. 사형(舍兄)은 아버지를 모시고 두 아우와 누이
및 계집종 애정(愛丁)·수정(守丁)과 사내종 명기(命己)를 데려왔는데,
연금(連金)의 작은 방에 머물러 지내려고 비로소 별도의 부뚜막을
만들었다. 나는 계조모(繼祖母)에게 밥을 얻어먹고 지냈다.

　十一月十六日。

　家君率妹，自高靈而來。余牽金代家小牛，又借鄭舜元鞍馬，
迓待于上巳江邊, 陪父而來。舍兄奉父親, 率二弟一妹及婢愛丁·
守丁·奴命己, 留接於連金小房, 始設別爨。余則託食[31]於祖母。

11월 19일

　사형(舍兄)이 이의득(李義得)을 만나려고 용담(用淡: 龍潭)으로 갔
다. 이의득은 우후(虞侯)로서 바야흐로 수군을 점검하고 순시하였는
데, 장정들을 골라 변경을 지키게 수자리 나가도록 하는 일도 하였다.
그래서 주달문(朱達文)이 부탁하여 말하기를, "만약 그에게 늙었다고
핑계하여 수자리를 나가지 않도록 해준다면 후한 보답을 하겠다."라
고 하였으므로, 형이 박 대부(朴大父: 朴良佐)를 통해 면제하도록 청하
였으나 이의득은 들어주지 않았다.

　이때 나는 연금(連金)을 데리고 강양(江陽: 합천)의 저자에 가서 필

31　託食(탁식): 寄食. 남의 집에 붙어서 밥을 얻어먹고 지냄.

목(疋木: 무명)을 팔아 쌀을 사려 했으나 소득없이 돌아왔다.

十一月十九日。

舍兄, 爲見李義得[32], 徃用淡。盖義得以虞侯, 方巡點水軍, 擇其丁壯, 赴防[33]。故朱達文請曰: "若以渠老而除防[34], 則厚報." 云, 故兄欲因朴大父, 請除, 而義得不許之。時余率連金, 徃江陽市, 賣木買米, 不利而歸。

11월 23일

이선승(李善承: 李胤緒) 아재 집의 노비 범장(凡長)이란 놈이 소를 풀어놓아 우리집의 새장을 찢어 부숴버렸는데, 사람을 시켜 범장을 불러 책문(責問)하였으나 그 놈은 자백하지 않았다. 얼마 후에 윤경(允京)·망년(忘年)이란 두 무뢰한이 뒤따라와서 욕지거리를 하였다. 이는 뜻밖에 생각지도 못한 일이어서 그 원통하고 분함을 이루 다 말할 수가 없다.

十一月二十三日。

李叔善承, 家奴凡長者, 放牛裂破吾家鳥網, 使人招凡長而責之, 其人不服。俄而, 允京·忘年, 兩頑惡[35]者, 追來辱之。此出意

---

32 李義得(이의득, 1544~?): 본관은 碧珍, 자는 得之. 거주지는 高靈이다. 1584년 무과에 급제하였다. 경상 우후를 지냈다.
33 赴防(부방): 변경을 방비하기 위하여 수자리 나가는 일.
34 除防(제방): 쌀을 대신 바치는 것으로 부방하는 일을 면제받음.

外無妄[36], 其爲憤痛, 可勝言哉。

11월 24일

가군(家君: 도몽기)이 이의득(李義得)이 우리 고을을 순시하러 왔다
는 것을 듣고 가서 주달문(朱達文)의 일을 부탁하였으나 듣지 않았다.

廿四日。

家君, 聞李義得巡到本郡, 徃請朱達文事, 不聽。

11월 25일

사형(舍兄)이 연금(連金)을 데리고 초계(草溪) 사람들과 팔거(八莒)
의 유 총병(劉摠兵: 劉綎) 진영으로 대나무를 운반하려다가 중도에
돌아왔는데, 대나무를 운반하는 군사가 많은데도 가지 않아서 혼자
만 갈 수가 없었기 때문이었다.

十一月二十五日。

舍兄率連金, 與草溪人, 運竹于八莒[37]劉摠兵[38], 中路而還, 以

---

35 頑惡(완악): 성질이 억세고 고집스러움.

36 無妄(무망): 일이 갑자기 생기어서 생각지 아니하였을 판.

37 八莒(팔거): 대구광역시 서구 칠곡군 일원에 있었던 옛 지명.

38 劉摠兵(유총병): 劉綎(1558~1619)을 가리킴. 1592년 임진왜란이 일어나자 이듬해
원병 5천을 이끌고 참전하였다. 1597년 정유재란 때 남원에서 졌다는 소식이

運竹軍多不去, 不能獨行故也。

11월 27일

사형(舍兄)이 팔거(八莒)에 당장(唐將: 명나라 장수)이 진을 친 곳으로 다시 갔다.

廿七日。

舍兄再往八莒唐將陣處。

11월 30일

낮에 가친(家親: 도몽기)이 어린 동생을 데리고 홀로 작은 방에 앉아 있었다. 내가 몰래 계조모(繼祖母)가 감추어 둔 과일을 소매 속에 넣어 와서는 잡수시도록 드렸다.

十一月晦日。

午, 家親率小弟, 獨坐小房。余潛取祖母所藏果實, 袖而進之。

전해지자, 배편으로 강화도를 거쳐 입국하였다. 전세를 확인한 뒤 돌아갔다가, 이듬해 提督漢土官兵禦倭總兵官이 되어 대군을 이끌고 와서 도와주었다. 曳橋에서 왜군에게 패전, 왜군이 철병한 뒤 귀국하였다.

윤11월 3일

문 정자(文正字: 文勵) 아재가 종사관으로서 우리 고을에 온다는
소식을 듣고 아버지와 아들 모두가 가서 만나보았다. 이날 양림(楊林)
의 밭을 팔아서 거친 나락 9섬을 받았다. 다음날 문씨(文氏: 문려)
아재가 군수에게 부탁하여 좁쌀 5되를 얻어 주었다. 날이 저물자
아버지를 모시고 돌아왔다.

閏十一月三日。

聞文正字叔, 以從事官到郡, 父子俱徃見之。是日, 賣楊林[39]
畓, 捧荒租九石。明日, 文叔請于郡守, 得粟米五升, 給之。及暮,
陪父而還。

윤11월 6일

찰방(察訪)이 시골마을에서 구석구석 뒤져 곡식을 찾으며 비록 10
말을 쌓아둔 것이라도 즉시 가져간다는 소문을 듣자 마을 사람들이
허둥지둥 곡식을 감추거나 숨기니, 도적이 온 것과 다를 바가 없다고
하였다.

六日。

聞察訪搜穀於村閭, 雖儲一斛[40]者, 輒取之, 村人遑遑[41]藏匿穀,

---

39 楊林(양림)*: 합천군 적중면. 초계의 남쪽에 있다.
40 一斛(일곡): 10말.

無異賊來云。

윤11월 11일

명복(命卜)이 대원(大院)에서 와 말하기를, "도습(都習: 도세순의 당숙) 집에 감추어 두었던 물건들을 하나도 남김없이 잃어버렸습니다." 라고 하였다.

閏十一月十一日。

命卜, 自大院來言: "都習家所藏之物, 無遺見失."云。

윤11월 12일

사형(舍兄)이 성산(星山)에서 왔지만, 도습(都習: 도세순의 당숙)이 잃어버린 물건에 대해 아직 들어서 알지 못하였다.

十二日。

舍兄, 自星山來, 而都習所失之物, 未得聞知矣。

윤11월 15일

주달문(朱達文)이 와서 말하기를, "찰방이 사저곡(私儲穀: 사사로이

---

41 遑遑(황황): 마음이 몹시 급하여 허둥지둥하는 모양.

개인이 싸놓은 곡식)을 많이 징수하도록 배정했으니, 만약 문 정자(文正字: 文勵)에게 청하여 문정자가 다시 찰방에게 청해 반감해 준다면 감해 준 것의 그 절반을 우리의 임시 거처에 바치겠다."라고 운운하였다. 사형(舍兄)이 문씨(文氏: 문려) 아재를 만나 보고자 담걸(淡乞)을 데리고 삼가(三嘉)로 달려갔지만, 문씨 아재는 이미 멀리 떠나가서 찾아보지 못하고 왔다.

閏十一月十五日。

朱達文來言: "察訪多定私儲穀, 若請于文正字, 轉請[42]察訪而半減, 則所減之中, 折其半, 獻于寓所。"云云。舍兄, 爲見文叔, 率淡乞, 馳徃三嘉, 則文叔已遠去, 不得尋見來。

윤11월 23일

도습(都習)의 집에서 도둑맞은 물건을 찾고자 관아에 소장(訴狀)을 바치려 사형(舍兄)이 명복(命卜)을 데리고 길을 떠나 용담(用淡: 龍潭)에 이르러 박 대부(朴大父: 朴良佐) 집에서 묵었다.

閏十一月二十三日。

都習家, 見偸之物, 欲爲進尋, 呈狀于官, 舍兄率命卜而行, 止宿于用淡朴大父家。

---

42 轉請(전청): 간접적으로 청하는 것.

윤11월 24일

석수암(石水庵) 아래에 이르니 승려가 떡을 만들어 길가에서 팔고 있었는데, 그 떡을 사 먹는 자가 10여 명이어서 나 또한 쌀 1되를 주고 떡 6조각을 사서 노복과 주인 세 사람이 나누어 먹었다. 저녁이 되어서 적지촌(赤旨村)에 이르러 박호(朴浩)의 집을 빌려 묵고, 25일 대원(大院)의 도습(都習) 집에 갔더니, 도습은 이미 거창(居昌)의 저자로 떠났다.

閏十一月二十四日。

至石水庵下, 則有僧作餅而賣於路邊, 買食者十餘人, 余亦給米一升, 買餅六片, 奴主三人分食。夕, 到赤旨村, 借宿于朴浩家, 二十五日, 往大院都習家, 則習也已去居昌市矣。

윤11월 28일

안봉사(安峰寺)에 가니, 당시에 곽 유사(郭有司)가 이곳에 와 있어서 서로 더불어 이야기를 나누었다. 안봉사의 승려 신잠(信岑) 및 환속한 사람 사원(士元)이 죽을 쑤어서 올렸다.

閏十一月二十八日。

往安峰寺[43], 時郭有司來此, 相與叙話。寺僧信岑及還俗人士元, 作粥以進。

---

43 安峰寺(안봉사)*: 벽진 개터에서 북쪽 점복마을 너머 빌미산 자락에 있는 절.

12월 2일

신잠(信岑)과 장차 팔계(八溪)로 돌아가려고 길을 떠났는데, 점심은 대리(大里)의 이옥(李玉) 집에서 먹었다. 오후에는 광천(廣川: 넘내)에 이르러 박온영(朴溫永)이 임시로 지내는 집을 빌려 묵었고, 다음날 눈보라를 만나서 길을 떠날 수가 없자 그대로 머무르며 묵었다. 3일이 지나서야 모야(毛也: 매실)로 돌아왔고, 신잠은 자기 형의 집으로 갔다.

十二月二日。

與信岑, 將還八溪也, 點心大里⁴⁴李玉家。午後, 至廣川⁴⁵, 借宿於朴溫永寓家, 明日, 值風雪, 不能行, 因留宿焉。三日還毛也, 信岑則往其兄家。

12월 11일

사형(舍兄)이 명복(命卜)·수정(守丁) 등을 데리고 용담(用淡: 龍潭)에 박 대부(朴大父: 朴良佐)의 아내(裵垠의 딸 星州裵氏)를 장례하는 곳으로 갔는데, 다음날 명복·수정은 먼저 돌아왔다. 13일이 되어서야 사형(舍兄)은 유과(油果) 약간을 얻어 종이에 싸 가지고 왔다.

---

44 大里(대리)*: 성주읍의 남쪽 마을.

45 廣川(광천): 경상북도 고령군 덕곡면 백리의 자연마을 넘내. 너부내 또는 廣川이라고도 한다.

十二月十一日。

舍兄率命卜·守丁等, 往用淡朴大父妻葬所[46], 明日, 命卜·守
丁則先來。十三日, 舍兄得油果若干, 裹紙而來。

---

46 朴大父妻葬所(박대부처장소): 朴良佐의 부인은 裵垠의 딸 星州裵氏로 몰년이
   1599년인 바, 이때 죽은 사람은 누군지 알 수 없음. 박이장의 연보에 의하면
   1599년에 부친상과 모친상을 당한 것으로 나온다.

갑오년(1594)

만력 22년 선조 27년

1월

1월부터 쌓아 둔 양식이 점점 떨어져가나 달리 마련할 길이 없어 늘 묽은 죽으로 목숨을 이어가니, 굶주려서 고달픔이 날로 극에 달했지만 어찌할 계책이 나오지 않았다. 가엄(家嚴: 아버지 도몽기)이 복일(復一)·예일(禮一)과 함께 연금(連金) 집에 머물렀고, 연금에게 신역(身役)을 면해 주고 봄철 3달 동안 식사를 대접하도록 하였다. 그리고 사형(舍兄)이 누이 및 복일과 예일과 함께 성산(星山) 본가(本家: 벽진 개터)의 옛터로 다시 향하였으니 나물을 캐어서 목숨을 이어가려는 계획이었는데, 2월 20일 사내종 연금·명기(命己)와 계집종 애정(愛丁)·수정(守丁) 등을 데리고서 양식 약간을 가지고 성산을 향해 길을 떠나니 부자와 형제가 서로 붙들고 통곡하다가 헤어졌다.

甲午。

自正月儲粮漸渴, 別無措辦之路, 常以粥飮之連命, 飢困日極, 計無所出。家嚴[1]與復禮, 留連金家, 使連金除身役, 以饗三春。而舍兄與妹及復禮, 還向星山舊基, 欲爲採荣, 連命計, 二月二十

日, 率奴連金·命己, 婢愛丁·守丁等, 持粮若干, 發向星山, 父子
兄弟, 相持痛哭而別。

2월 22일

북풍이 크게 불어 구름이 솟구침에, 형과 누이가 길 가는 도중에
겪었을 굶주림과 추위를 생각하니 저도 모르게 기가 막혀 눈물이
흘러내렸다.

다음날 노복 연금(連金)이 돌아와서 말하기를, "상전(上典: 도세웅)
은 무사히 갔으나 단지 명기(命己)만은 가는 도중에 죽었고, 명복(命
卜)은 본가의 옛터에 풀로 지붕을 인 임시 처소에서 머무르며 근근이
목숨만 붙어 있습니다."라고 하였다.

二月二十二日。

北風大起, 雲物飛揚, 念我兄妹困於路中飢寒, 不覺氣塞而垂
涕。翌日, 奴歸言: "上典[2]則無事往, 而但命己死於路中, 命卜踡
伏[3]於舊基蔀幕[4], 而僅僅連喘。"云。

---

1 家嚴(가엄): 남에게 자기의 아버지를 이르는 말.
2 上典(상전): 奴僕이 그 주인을 일컫던 말.
3 踡伏(전복): 자기 처소에 들어박혀 몸을 숨김.
4 蔀幕(부막): 임시로 천막을 친 것.

3월 13일

나는 아버지를 모시고 갑산(甲山: 용덕산)에 올라 멀리 야산(倻山: 가야산)을 바라보다가 형과 누이가 겪고 있을 굶주림을 생각하니, 부자가 서로 바라보며 흐느끼다가 이윽고 고사리를 꺾어 돌아왔다.

三月十三日。

余陪父親, 登甲山⁵, 遙望倻山⁶, 想兄妹困於飢渴, 父子相向而泣, 因採蕨而還。

3월 14일

계조모(繼祖母)가 다듬이방을 나서자 내가 그 방 안으로 들어가 찹쌀 한 되와 과일 약간을 몰래 가지고 나와 종이에 싸서 다락 아래의 기왓장 사이에 묻어 두었으며, 또 김 별좌(金別坐)에게 등급별로 배분받은 것을 빌려 죽통(竹筒) 속에 넣고 그 입구를 나무로 막아서 벽 사이에 감추어 두었으니, 돌아가 형과 누이에게 주려고 생각한 것이다. 형과 누이가 한번 떠나간 후에는 왕래하는 사람이 없어서 소식이 막연하니, 가친(家親: 도몽기)은 그리워하고 염려하는 마음이 날로 심하여 항상 눈물을 흘리면서 지냈다.

---

5 甲山(갑산)*: 합천군 율곡면 갑산리 뒷산인 용덕산. 두사촌과 갑산리 사이에 있다.
6 倻山(야산): 伽倻山. 경상남도 합천군 가야면, 경상북도 성주군 가천면과 수륜면에 걸쳐 있는 산. 소의 머리와 모습이 비슷하다고 하여 牛頭山이라고도 불렸다. 두사촌에서 북쪽으로 황강 건너 보이는 산이다.

三月十四日。

祖母出砧室, 余入房中, 潛取粘米一升·果實若干, 裹紙而埋于
樓下瓦石中, 又借得哀公[7]於金別坐, 入於竹箱中, 以木蔽其口,
而藏之壁間, 意欲歸遺兄妹也。兄妹一去之後, 無人更通, 音聞
茫然, 家親思念日甚, 常流涕以度。

3월 17일

내가 장차 돌아가 형과 누이를 만나 보려는데 기장가루를 얻어
가지고 갈 양식으로 삼고, 구걸한 식용 소금 및 배분 받은 좁쌀과
약간의 멥쌀을 직접 짊어지고서 길을 떠나 달리(達里) 앞에 이르니,
날이 이미 저물었다. 박이립(朴而立)의 집을 빌려 묵었는데, 쑥으로
죽을 끓여서 주었다.

三月十七日。

余將歸見兄妹, 得稷末爲行粮, 而自負所丐食鹽及粟米哀公與
稻米若干, 而行至于達里[8]前, 則日已沒矣, 借宿於朴而立家, 則
以艾粥餽之。

---

7   哀公(애공): '衰分'의 오기인 듯(이하 동일). '九章算術'의 하나로 분배 비례에
    관한 계산법. 등급별로 배분하는 방법이다.

8   達里(달리)*: 두사촌에서 고령을 거쳐 해인사와 벽진 개터로 갈라지는 길목인,
    성주 수륜면 성리에 있는 자연 부락. 서쪽으로 가야산이 보이고 앞으로는 대가천이
    흐른다.

3월 18일

운곡(雲谷)에 이르니, 형과 누이가 겨우 실낱 같은 목숨을 보존하고 있으나 굶주린 기색이 얼굴에 가득하였다. 보게 되자 서로 목이 메도록 통곡하다가, 노복(奴僕)들의 안부를 물으니 명복(命卜)·애정(愛丁)·수정(守丁)은 이미 굶주려 죽었다. 내가 운곡에 머물러 있을 때 병화(兵火)를 겪은 나머지 인가가 허물어져 남아있는 것이라고는 없었으며 쑥대만 무성하여 집터들이 묻혀 있었다.

그리고 오직 김준(金俊) 어른의 5남매만이 김경철(金景哲)의 옛터에 돌아와 지내고 있었고, 배응보(裵應輔)가 우박곡(于朴谷)으로 옮겨 지내고 있었는데, 그 거리가 가까운 것이 아니라서 서로 만나 이야기를 나누지 못하였다. 그 고단한 참상을 이루 다 말할 수가 없다.

三月十八日。

至雲谷, 則兄妹僅保線命, 而飢色滿顏。及見, 相與失聲痛(哭), 而問奴僕, 則命卜·愛丁·守丁, 已餓死矣。余留雲谷, 時兵火之餘, 人家蕩無所存, 蓬蒿蕪草, 茂沒干地。而惟有金俊公五男妹, 還接於金景哲遺址, 裵應輔移住於于朴谷[9], 其間不邇, 未得相從而話。其孤索之狀, 不可勝言。

---

9 于朴谷(우박곡)*: 고령군 쌍책면 상신리.

3월 20일

배복원(裵福原)이 찾아왔는데, 굶주림에 시달려 닥치는 대로 나물
을 뜯어 먹었다고 하였다.

三月二十日。

裵福原來見, 而傷於飢渴, 食菜無節焉。

3월 23일

나는 형과 함께 운곡(雲谷)에 이철(李澈)이 살던 옛터로 갔는데,
합천(陜川)에서 떠돌다가 임시로 지내고 있는 사람들이 밥 먹는 것을
보고 쌀 3되와 콩 3되를 빌려서 왔다.

안사(安寺: 안봉사)의 승려 신잠(信岑)이 도토리 열매를 쪄서 한 바
구니를 가져와 주었다.

廿三日。

余陪兄而往雲谷李澈故基, 見陜川流寓人喫飯, 又借得米三升·
太三升而來。安寺僧信岑, 以蒸橡實, 一筥來獻。

3월 24일

나는 운곡(雲谷)에서 형과 누이를 작별하고 팔계(八溪: 초계면의 두
사촌과 매실 등지)로 돌아갔는데, 길을 떠나 조야촌(鳥夜村: 새밤마을)에
이르러 별감(別監)을 지낸 집안 아재에게 인사하고 저녁밥을 나누어

먹고서 묵었다.

이때 김 대부(金大父: 김우굉)가 가솔들을 데리고 이곳에 와서 지냈으며, 정두문(鄭斗文)의 부인 또한 와서 살고 있었다.

三月二十四日。

余自雲谷別兄妹, 而歸八溪, 行至鳥夜村[10], 拜都別監叔, 分食夕飯而宿。時金大父, 率其屬而來住於此, 鄭斗文夫人, 亦來住焉。

3월 25일

별감을 지낸 집안 아재에게 쌀 몇 홉을 빌려서 가신(可信) 어미에게 죽을 쑤게 하여 먹고, 용담(用淡: 龍潭)의 박 대부(朴大父: 朴良佐) 집에 가서 묵었다. 다음날 모야(毛也: 매실)로 돌아왔는데, 아버지는 근근이 별 탈 없이 지내셨으나 형과 누이가 실낱 같은 목숨을 간신히 이어가고 있다고 알리니 슬퍼하여 눈물을 흘리기를 종일토록 그치지 않았다.

三月二十五日。

借米數合於都叔, 使可信母作粥而飲, 來用淡朴大父家而宿。明日, 還毛也, 則父主僅無恙矣, 以兄妹之僅保線命告之, 則慽然垂淚, 終日不止。

---

10 鳥夜村(조야촌)*: 고령군 덕곡면 원송리에 있는 자연부락 새밤마을. 벽진 개터에서 달리를 거쳐 두사촌 가는 길에 있다.

4월

4월이 되자 연금이(連金伊)가 식량이 떨어져서 가군(家君: 도몽기)
을 잘 봉양할 수 없다고 핑계대며 기한도 이미 다지났다고 고하면서
싫어하는 기색이 다분히 있었다.

至四月, 連金託以粮絕, 不爲善養於家君, 且告以期限之已盡,
而多有不悅之色。

5월

5월이 되자 가군(家君: 도몽기)은 복일(復一)과 예일(禮一)을 데리고
연금이(連金伊) 집에서 외가의 다락 위로 옮겨 지냈는데, 금옥(金玉)
에게 따로 밥을 지어서 올리도록 하였다. 그리고 나는 금옥을 데리고
아는 사람들에게 보리를 꾸거나 또 밭이랑에서 이삭을 주워서 죽을
쑤어 끼니를 이었다.

김시거(金時擧) · 윤회중(尹晦仲)이 아버지를 여러 번 청하여 식사
를 대접해 주었으니 그 두터이 베풀어 준 마음은 잊을 수가 없는데,
김시거는 나와 가장 절친한 친구였으므로 이와 같이 정성을 다한
것이다.

이때 형과 누이가 죽었는지 살았는지 까맣게 듣지 못했다.

至五月, 家君率復禮, 自運金家, 移接外家樓上, 使金玉別炊以
進。而余率金玉, 或乞麥於所知人, 又拾苗於田間, 作粥以繼。金
時擧 · 尹晦仲, 累請父親而進食, 其厚意難忘, 而時擧則於余最相

切者, 故如是致款矣。時漠不聞兄妹死生。

6월 5일

나는 형과 누이를 만나서 함께 8일 어머니의 제전(祭奠: 제사)에 가고자, 모야(毛也: 매실)에서부터 구걸해두었던 진맥(眞麥: 참밀) 약간, 대맥(大麥: 보리)과 염장(鹽醬: 소금과 간장) 및 태말(太末: 콩가루) 약간을 짊어졌는데, 콩가루를 만든 것은 노자로 쓸 참이었다.

혼자 길을 떠나서 용담(用淡: 龍潭)에 이르러 박 대부(朴大父: 朴良佐) 집에서 묵었다. 다음날 대야(大夜: 한배미) 마을에 이르러 별감(別監)을 지낸 집안 아재를 만나서 저녁밥을 나눠 먹고 묵었다.

六月五日。

余爲見兄妹, 且欲與之偕八日之祭奠, 自毛也, 負其所丐眞麥若干, 大麥·鹽醬及太末若干, 作太末爲行資。而獨發至用淡, 朴大父家宿焉。明日, 至大夜村, 見別監叔, 分喫夕飯而宿。

6월 7일

수척할 정도로 고생스러움이 막심했지만 운곡(雲谷)에 이르니, 형과 누이 및 동생이 겨우 실낱 같은 목숨을 보존하고 있었으나 굶주려 온몸이 부어 있었다. 서로 보게 되자 이마를 맞대고 통곡하며 거의 서로 만나보지 못할 뻔했던 이야기를 하는데, 정담이 끝없으니 어찌

다함이 있겠는가?

굶주려 거의 죽을 정도라 오히려 제수(祭需)를 감당하지 못할 지경
이었지만 떡과 단술 및 채소와 밥을 갖추었다.

六月七日。

悴莫甚艱, 到雲谷, 則兄妹及弟, 僅保縷命, 而浮色徧體矣。及
見, 接額而哭, 道其幾不能相見, 情事無涯, 寧有旣耶? 飢餓垂死
之中, 尙偗[11]祭奠之資, 俱餠醴及蔬食。

6월 8일

새벽에 허위(虛位: 神位가 없음)를 진설하고 제사를 지냈다. 이날
배응보(裵應輔)의 처가 우박촌(于朴村)에서 왔는데, 제사떡을 음복하
고는 깊이 탄식하며 말하기를, "자식 된 자의 정이 귀하네요. 이와
같이 사람들이 서로 잡아먹는 시절에 떡을 만들어 제사를 지낸다니
요? 신기하고 신기한 일입니다."라고 하였다. 배응보는 이전곡(移轉
穀)을 받으러 옥천(沃川)에 갔다가 미처 돌아오지 않았다.

이때 기근이 거듭 극에 달하여 굶주려 죽은 시체가 들판을 뒤덮고
있어 여우와 살쾡이가 먹어 치우고 까마귀와 솔개가 쪼아대니 차마
눈 뜨고 볼 수 없었다. 시절의 참혹함이 어찌 한결같이 이 지경에
이른단 말인가?

---

11 偗(답): 일을 감당하지 못함.

사형(舍兄)은 보리 일 때문에 팔계(八溪)로 갔다. 나는 누이 및 복일
(復一) 동생과 옛 집터에 남았으나 양식이 떨어져서 풀 열매를 따고
푸성귀를 뜯어 먹으며 근근이 죽지 않고 지냈지만, 복일 동생은 더욱
극도로 기력이 쇠약해졌다.

八日。

曉, 設虛位而奠焉。是日, 裵應輔妻, 自于朴村而來, 以餠饋
之, 則甚嗟咄曰: "人子之情貴矣。如此人相食時, 作餠以祭之
乎? 奇哉奇哉!" 應輔則受移轉穀, 往沃川[12], 未還耳。時飢饉荐
極, 餓莩[13]枕野, 狐狸之食, 烏鳶之啄, 不忍目見。時歲之慘酷, 一
何至此? 舍兄以麥事, 往八溪。余與妹及復一弟, 留舊基而粮絶,
取草實採蔬而食, 僅僅不死, 而復弟尤極澌敗[14]。

6월 22일

이여한(李汝翰) 어른이 찾아왔다가 우리들의 굶주림을 보고서 장
차 죽게 된 것을 몹시 불쌍하게 여겨 복일(復一) 동생을 데리고 갔다.
저녁이 되자 수촌(樹村: 징기) 사람이 급히 나를 불렀다. 내가 엎어지
고 자빠지며 가서 보았는데 복일 동생이 죽어가 목숨이 목구멍에

---

12 沃川(옥천): 충청북도 남부에 있는 고을. 동쪽은 경상북도 상주시, 서쪽은 대전광역
   시, 남쪽은 영동군과 충청남도 금산군, 북쪽은 보은군과 접한다.
13 餓莩(아표): 굶주려 죽은 시체를 말함.
14 澌敗(시패): 기운이 다 빠져서 못쓰게 됨.

걸려 있고 숨쉬는 것이 곧 멎을 것 같아서 그 까닭을 물으니, 이여한 어른이 말하기를, "처음에 와서 보리밥을 배불리 먹었는데, 다 먹고 나더니 숨이 막혀 까무러쳤다."라고 운운하였다. 이로 인하여 영원히 떠나갔으니 오호라, 마음이 아픈 것을 어찌 차마 말할 수 있겠는가? 나는 동생을 업고 돌아와서 다음날 임시로 묻었다.

六月二十二日。

李丈汝翰氏來, 見余等之飢, 甚哀其將死, 率復弟而去。及暮, 樹村人急招余。余顚倒來見, 則復一弟, 死命在喉間, 呼吸將盡, 問其故, 李丈云: "初來, 飽饋麥飯, 食訖而氣塞。"云云。因此而永逝, 嗚呼痛矣, 尙忍言哉? 余負來, 明日假葬。

6월 24일

사형(舍兄: 도세웅)이 팔계(八溪)에서 돌아왔는데, 복일(復一) 동생이 죽었다는 것을 알고서 울부짖고 가슴 치며 통곡하는 것이 친부모를 잃은 것과 다름없었다. 아버지 및 예일(禮一) 동생과 고모는 목숨을 평안히 보전하고 있다 하였다.

六月二十四日。

舍兄, 自八溪而還, 聞復弟之死, 號呼哭擗[15], 無異終天[16]。而

---

15 哭擗(곡벽): 哭泣擗踊. 소리내어 울며 가슴을 치고 발을 구른다는 뜻. 어버이를 잃어 애통해 하는 모습이다.

父親及禮弟姑, 平保云矣。

7월 5일

나는 운곡(雲谷)에서 장차 팔계(八溪)로 가려고 길을 나섰다가 양장(羊腸: 성주의 羊腸坪)에 있는 도습(都習: 도세순의 당숙) 집에서 묵었고, 다음날 아침에 송백숙(宋伯叔: 대고모부 宋師顥의 장남 宋遠度)에게 밥을 얻어 먹었다.

이날 고령(高靈)의 박 대부(朴大父: 朴良佐) 집에 와서 묵었는데, 듣건대 아버지가 모야(毛也: 매실)에서 일찍이 이곳에 왔다가 다시 성산(城山)으로 갔다고 하였다.

7일에는 비가 와서 그대로 머물렀고, 8일에 성산으로 가니 아버지가 복일(復一) 동생의 시신을 거두고자 과연 그곳에 머물러 있었는데, 10일에 아버지를 모시고서 모야(毛也: 매실)로 돌아왔다.

○ 살피건대, 여기서부터 4개월 동안의 일을 기록하지 않았기 때문에 10월 6일 5대 조부(五代祖考)의 상사(喪事)를 기록하지 않았다.

七月五日。

余自雲谷, 將往八溪, 宿羊腸[17]都習家, 明朝, 得飯於宋伯叔。

---

16 終天(종천): 終天之痛. 친상을 당한 슬픔.

17 羊腸(양장): 星州의 羊腸坪.《英祖實錄》1745년 10월 10일 4번째 기사를 참고할 수 있다. 곧 羊腸九折의 의미가 아니라 고유지명이다. 星州에서 40리 정도 떨어진 곳으로 짐작된다.

是日, 來高靈朴大父家而宿, 聞父親自毛也, 曾到此家, 而轉向城
山云。七日以雨留, 八日往城山, 則父親率復弟, 果留此, 十日奉
還毛也。○按此間四箇月事不載, 故十月初六日, 五代祖考喪
事[18], 不記耳。

---

18 『성주도씨대동보』에는 도몽기의 사망일이 1594년 11월 2일로 기록되어 있어 원문
과 서로 다르다. 이 기록은 성주도씨 18세 후손 가운데 기록한 것으로 보이나,
현전《巖谷逸稿》는 都埈鎬(1915~1981)에 의해 1976년 石版本으로 간행된 것이라
서 이 기록자가 누구인지 구체적으로 알 수가 없다. 1700년대 경에 용사일기가
1차적으로 정리되었음을 보여준다.

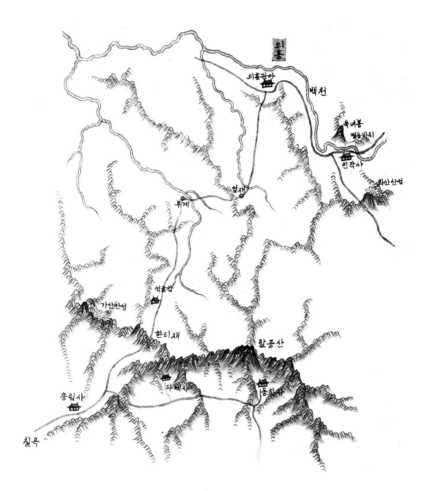

의흥 인각사

출처: 『용사일기』(도두호 역, 김현철 그림, 새박, 2009), 98면.

12월

초계(草溪)의 논과 밭을 팔아서 간신히 식량을 마련하여 김대련(金代連)의 집에 맡겨 두었다. 이때 척숙(戚叔: 성이 다른 叔行의 일가) 이대기(李大期) 씨가 의흥(義興) 현감이었는데, 찾아가 인사하고서 곡식의 종자를 얻어 가지고 오려 하였다.

이달 24일 모야(毛也: 매실)에서 형제가 누이를 데리고 연금(連金) 및 금옥(金玉)을 거느려 함께 길을 떠났다. 두사촌(豆士村) 앞에 이르러 반쯤 언 강물을 건넜고, 어둑어둑해질 무렵에야 용담(用淡: 龍潭)의 박 대부(朴大父: 朴良佐) 집에 이르러서 묵었다. 이날 밤에 큰 눈이 내렸다.

다음날도 날씨가 개지 않아서 그대로 머물렀다.

十二月。

賣草溪田沓, 艱備資粮, 按置于金代連家。時李戚叔大期[19]氏, 倅義興[20], 欲往拜, 因以覓得穀種。是月廿四日, 自毛也, 兄弟帶妹, 率連金及金玉, 偕出。至豆士前, 涉半冰之水, 薄暮, 至用淡朴大父家而宿。是夜, 大雪。明日不霽, 因留焉。

---

19 李戚叔大期(이척숙대기): 李大期(1551~1628). 도세순의 외조부인 李良受의 재종고모의 아들. 본관은 全義, 자는 任重, 호는 雪墅. 1592년 임진왜란 때에 의병을 모집하여 高靈, 星州의 낙동강 유역에서 왜적과 싸워 공을 세웠다. 그 후 義興縣監·형조 정랑·盈德縣令 등을 지냈고 광해군 때 淸風郡守·사도시 정 등을 거쳐 咸陽郡守가 되었다. 도세순에게 叔行이 아니라 祖行이다.

20 義興(의흥): 경상북도 군위군 북동부에 있는 고을.

12월 26일

아침을 박숙번(朴叔蕃: 朴叔彬의 오기, 朴而章)의 집에서 먹었고, 누이는 양식을 주어 대부(大父: 박이장의 아버지 朴良佐)의 집에 맡겼다. 우리 형제는 연금(連金)을 거느리고 의흥(義興)으로 향하는 길에 성법산(省法山)을 거쳐 필정(必丁)의 막사에서 묵었다. 때마침 목사(牧使)가 이곳에 머물러 있었으므로 이여한(李汝翰) 어른이 별감(別監)으로 와 있어서 그의 저녁밥을 나누어 먹었다.

이날 밤에 큰 눈이 내려서 필정(必丁)의 임시 막사에 성긴 눈발이 심하여 벌벌 떠느라 밤새도록 잠자지 못하였다.

十二月二十六日。

朝飯于朴叔蕃[21]家, 妹則給粮而置于大父家。余兄弟率連金, 向義興路, 由省法山, 宿必丁幕。時牧使留住於此, 故李丈汝翰, 以別監來, 分喫其夕飯。是夜大雪, 必丁假幕, 甚疎雪花, 洒終夜不寐。

12월 27일

아침에 이 별감(李別監: 李汝翰)에게 인사하고 밥을 먹은 뒤에야 길을 떠났다. 눈길이 미끄러워 다섯 걸음에 넘어지곤 하니 길을 나서

---

21 叔蕃(숙번): 朴而章(1547~1622)의 字인 叔彬의 오기. 본관은 順天, 호는 龍潭·道川. 아버지는 朴良佐이고, 형은 朴而文이다. 문집 《龍潭集》이 있다.

서 온갖 어려움을 겪는 모습이 이보다 더 심한 게 없었다.

대동(大同) 앞에 이르니 부안 현감(扶安縣監) 이규문(李奎文)이 바야 흐로 모부인(母夫人: 모친)의 장례를 이곳에 지내려 했는데, 김지원(金 志遠: 金應袞의 아들 金輳) 형 또한 이곳 장지로 온다는 소식을 듣고서 인편을 통해 나의 성명을 고하게 하였더니 허겁지겁 내려와서 서로 마주하여 우느라 날이 저무는 줄도 알지 못했다.

인하여 집안의 도 좌수(都座首) 아재가 동막동(同莫洞)에 임시로 지내고 있다는 것을 듣고 마침내 찾아가 인사하니, 아재는 기쁘게 맞아주면서 눈길에 오느라 고생한 것을 위로해 주었고, 저녁밥을 먹고서는 마른 나뭇가지를 때며 회포를 푸느라 밤에 잠들지 못하였다.

이날 밤에 또 큰 눈이 내렸다.

十二月二十七日。

朝, 拜李別監, 而飯後發程[22]。而雪路泥滑[23], 五步一仆, 行色 之艱關, 未有甚於此者也。至大同[24]前, 則李扶安奎文[25], 方葬母 夫人于此, 得聞金兄志遠氏, 亦來葬所, 因人傳告姓名, 則顚倒下 來, 相對而泣, 不覺日昊。因以聞都座首叔, 寓接同莫洞, 遂尋

22 發程(발정): 길을 떠남.
23 泥滑(니활): (지면이) 미끄러움.
24 大同(대동)*: 합천 또는 고령에서 대구로 드나드는 길목으로 용암면 문명리 대동초 교 일대.
25 李扶安奎文(이부안규문): 부안 현감 李奎文(1562~1614). 본관은 德山, 자는 士 彬, 호는 砥柱軒. 부안 현감을 1594년 3월 25일부터 1595년 1월 10일까지 지냈다.

拜, 則叔欣然迎按, 以慰雪路之困苦, 夕飯而燃杻敍懷, 夜不能
寐。是夜又大雪。

12월 28일

동막동(同莫洞)에서 길을 떠나 가다가 팔거현(八莒縣)의 뒤쪽 역촌
(驛村)에 이르러 토우(土宇: 토담집)을 빌려 묵었다.

十二月二十八日。

自同莫發, 行至八莒縣後驛村, 借宿土宇。

12월 29일

역촌(驛村)에서 길을 떠나 북면의 대현(大峴: 한티재)을 넘어 부계현
(缶溪縣)의 앞 냇가에서 점심을 먹었고, 의흥(義興)의 남면에 있는
김언명(金彦明)의 집을 빌려서 묵었다. 저녁밥을 먹은 뒤에는 마을
사람들이 길거리에 모여 가각(笳角: 갈대잎으로 만든 호드기)을 불면서
도둑으로 인해 생기는 근심을 대비하고 있었다. 이날 밤에 또 큰
눈이 내렸다.

그 다음날에 김언명은 또 떡국과 술을 먹도록 보내주었다. 우리들
은 그의 두터운 정에 사례하고 시령(柴嶺: 섶재)을 지나 시골집에서
아침밥을 먹었다. 천천히 의흥 관아에 들어갔는데, 얼마 되지 않아서
이후현(李後賢)을 만난 뒤에 태수(太守: 이대기)를 뵙고 굶주림으로

장차 죽을 수밖에 없는 연유를 모두 고하니, 태수가 혀를 차며 오랫동
안 탄식하다가 잠시 머물 수 있도록 관노(官奴) 권막동(權莫同) 집을
정해 주었다.

이후로 눈이 오지 않는 날이 없었으니, 그 간난신고(艱難辛苦: 몹시
힘들고 어려우며 고생스러움)란 이루 다 형용할 수가 없었다.

十二月二十九日。

自驛村, 逾北面大峴[26], 點心於缶溪[27]縣前川上, 借宿于義之南
面金彦明家。夕飯後, 村人聚街路, 吹笳角, 以備賊患。是夜, 又
大雪。厥明彦明, 又以餅羹酒盃饋之。余等謝其厚意, 過柴嶺[28],
朝飯于村家。徐到義興官衙, 尋見後賢而因謁太守, 具告飢饉將
死之由, 太守嗟咄良久, 定主[29]於官奴權莫同家。是後, 無日不
雪, 其艱苦不可盡狀。

---

26 大峴(대현)*: 한티재. 칠곡군 동명면 득명리에서 군위군 부계면 남산리로 넘어가는
   고개.
27 缶溪(부계): 경상북도 군위군 남부에 있는 고을. 북쪽은 효령면·우보면, 동쪽은
   산성면·영천시, 남쪽은 대구광역시, 서쪽은 칠곡군·구미시와 접한다. 성주의
   동북쪽에 있다.
28 柴嶺(시령)*: 섶재. 부계면 창평리에서 산성면 운산리로 넘어가는 고개.
29 定主(정주): 주인을 잡음. 잠시 머물러 잘 수 있는 집을 정하다는 뜻이다.

을미년(1595)

만력 23년 선조 28년

1월 1일

태수(太守: 이대기)가 우리 형제를 불러서 관아 안으로 들어오게 하여 떡과 과일 및 술을 먹이고 말하기를, "너희의 더할 수 없는 괴로운 사정을 생각하니 딱하나, 관아도 거두어들인 것이 너무나 박하여 형편상 다급한 처지를 구제하기가 어렵다." 하면서 물러나며, 상 위의 두부와 떡을 주었다. 우리 형제는 물러나 임시로 머물고 있는 주인집으로 돌아왔다.

이때 사방에서 마을 사람들이 모두 취하도록 마시고 떠드는 소리가 시끌시끌한 게 끊이지 않았는데, 우리는 쓸쓸히 서로 마주하여 앉아서 한숨을 쉬며 탄식하여 서로에게 말하기를, "산 넘고 물 건너 먼 길을 왔으나 무슨 일을 하였단 말인가? 지금 바로 새해 첫날 아침인데도 못내 굶주리고 있으니 진실로 한탄할 일이라."라고 하면서 붓 2자루를 연금(連金)에게 주어 술과 떡으로 바꿔오도록 하였다. 연금이가 붓을 가지고 온 마을을 돌아다녔으나 술과 떡으로 바꾸지 못하고 왔는데, 근심스러운 빛이 온 얼굴에 가득한 채로 하늘을 보며 혀를 찰 뿐이었다.

형제가 서로 의논하여 말하기를, "오가는 사이에 부질없이 길양식을 쓴 것이니, 바라기는 장차 남김없이 쓸어 낸 듯한 지경에 이르러 차라리 병을 핑계대며 이곳에 머물면서 건량(乾糧: 가지고 다니기 편한 음식)을 얻는 것이 더 좋을 듯하다."라고 하였다. 이에, 나는 다리에 병이 났다는 핑계로 자리에 누워 신음하였다. 형이 대신 들어가 태수에게 고하기를, "동생은 병이 나서 걸을 수가 없으니, 원컨대 이곳에 머물면서 조리하고 추후에 돌아오게 해주십시오. 저는 내일 먼저 돌아가고자 합니다."라고 하니, 태수가 이를 허락하고 나를 불러서 병문안한 뒤에 제반(除飯: 끼니 때마다 덜은 밥) 및 두부부침을 보내주었다.

저녁이 되어서는 주인(主人, 협주: 곧 權莫同이다.)이 막걸리를 권하여 마셨고, 이웃에 있는 김언충(金彦忠)이란 자가 또한 술과 과일을 가지고 와서 먹었다.

乙未正月一日。

太守, 招我兄弟, 入衙中, 饋以餠果酒盃, 且曰: "念爾等窮苦情, 則可矜, 而官捧甚薄, 勢難周急[1]." 因退, 盤上泡餠而與之. 兄弟退還主家. 時四方村人, 皆醉飮嗚嗚之聲, 喧騰[2]不絶, 我則寥寥, 相對而坐, 喟然相謂曰: "跋涉遠路, 所幹何事? 今此正朝[3],

---

1 周急(주급): 아주 다급한 처지를 구제하는 것.
2 喧騰(훤등): 시끌시끌함.

不耐飢惱, 良可嘆也." 卽以毛公二柄, 使連金換酒餠。連金持筆
而循回一村, 不得而來, 愁色滿面, 仰天呭呭而已。兄弟相議曰:
"往來之際, 徒費路粮, 而所望則將至掃如⁴, 不如託疾留此而得餉
可也." 於是, 余僞稱脚疾, 臥席呻吟。兄代入告太守, 曰: "弟則
病不能行, 願留此調理, 追後而歸。吾則明日欲先還." 太守許之,
招余問疾, 饋以除飯⁵及泡灸。至夕, 主人【卽權莫同】以薄醪勸飮,
隣有金彥忠者, 亦以酒果來, 餽之。

1월 3일

태수(太守: 이대기)가 대맥(大麥: 보리) 및 양식과 반찬을 형에게 맡
겨 보내고 갔다.

正月三日。

太守, 以大麥及粮饌, 送兄而行。

1월 4일

밤이 되자, 심회가 몹시 슬프고 애달파서 앉아서 아침이 되기를

---

3 正朝(정조): 새해 아침.
4 掃如(소여): 남김없이 쓸어 낸 듯함.
5 除飯(제반): 끼니 때마다 밥 먹기 전에 밥을 조금 떠내어 穀神에게 감사의 뜻을
   표하는 일.

기다렸다. 첫닭이 울자, 사형(舍兄)이 연금(連金)을 데리고 먼저 돌아
가는데, 나는 문짝조차 없는 문밖에 나가서 서로 눈물을 훔치며 헤어
졌다. 나는 형을 보내고 나서 혼자 주인집에 머물러 있으려니 더욱
울적함이 극에 달하여 마음을 가눌 수가 없었다.

인각사(麟角寺)가 멀지 않은 곳에 있다는 것을 듣고 태수(太守: 이대
기)에게 그곳에 가서 조리하겠다며 청하자, 태수가 이를 허락하였다.
즉시 관노(官奴) 봉학(鳳鶴)과 함께 길을 떠나 사하촌(寺下村)에 이르
렀는데, 희문(希文)이란 자가 자못 넉넉하게 사는 듯하여, 봉학이
점심을 청하니 곧바로 밥을 지어 먹도록 해주고 술까지 마시도록
해주었다. 나는 희문의 소를 타고 사찰로 들어갔다.

사찰은 화산(華山) 아래에 있고 배천(白川) 가에 있는데, 석벽(石壁)
이 깎아지듯 서 있는 게 마치 병풍처럼 둘렀으니 몇 길이나 되는지
알 수가 없었다. 전각(殿閣)은 널찍한 곳에 자리잡고서 단청(丹靑)한
것이 빛났으며, 극락전(極樂殿) 앞에는 보각(普覺: 일연)의 비가 세워
져 있다. 곧 전조인(前朝人: 고려인) 민적(閔績: 閔漬의 오기)이 세운
것으로 왕우군(王右軍: 왕희지)의 글씨를 집자(集字)하여 새겼으니,
그 연대를 상고하건대 원정(元貞) 을미년(1295)이다. 보각은 이 사찰
의 승려이니, 전조(前朝: 고려)가 불교를 숭상하던 때 이 승려를 대사
(大師)로 삼아 드높이고 여러 차례 정헌대부(正憲大夫: 민지)·파유(罷
裕: 상장군 羅裕의 오기)를 보내어서 칙서를 받들어 뵙기를 청하였으나,
승려는 병이 있다고 사양하며 끝내 부름에 나아가지 않았다. 그 서장
(書狀)은 아직도 남아 있는데, 그 쓴 시기는 지원(至元) 연간이었다.

치도(緇徒: 승려의 통칭)들이 몽골 문서 1첩(貼)을 꺼내어 보여주는데, 문서의 글자체가 전서(篆書)도 아니고 예서(隸書)도 아니어서 알아볼 수가 없었다. 그러나 다만 주홍(朱紅) 인신(印信: 인장)으로 '두(斗)' 글자 같은 것이 있어서 3번이나 물으니, 승려가 인새(印璽: 옥새)라고 하였다. 사찰 가운데에 있는 금당(金堂: 대웅전)에는 하얀 글씨로 현판(懸板)에 '지정(至正) 연간에 중수함.'이라 쓰여 있었다. 서쪽에 있는 높은 누각에는 유람온 사람들의 이름자가 많이 새겨져 있었는데, 그 가운데 또 이산악(李山岳)·송 진사(宋進士: 宋遠度) 등 9명의 성명이 있어서 물으니 승려가 말하기를, "병자년(1576)에 이곳에서 방회(榜會: 과거합격자 동기 모임)가 있었습니다."라고 하였다. 그 밖에도 볼만한 기이한 것들이 이루 다 셀 수 없었는데, 종일토록 두루 구경하느라 객지에서 품었던 괴롭고 울적한 느낌을 알지 못하였다.

판사승(判事僧) 법융(法融)은 인각사의 주지로서 찾아와 만나보았다. 내가 붓 1자루를 주자, 법융도 옥미(玉米: 옥수수) 1되·건시(乾柿: 곶감) 1꼬치를 가져왔다. 선방(禪房)의 승려 신관(信寬) 또한 떡국과 막걸리를 먹도록 보내왔다. 내가 가지고 온 양식이 다 떨어져서 더이상 머무를 수가 없었다.

初四日。

夜, 心懷悽悵[6], 坐而待朝。鷄初鳴, 舍兄率連金而先還, 余往之虛門外, 相揮涕而別。余旣送兄, 獨留主家, 尤極鬱陶, 無以爲

6 　悽悵(처창): 몹시 구슬프고 애달픔.

懷。聞麟角寺⁷在不遠, 請太守欲往調理, 太守許之。卽與官奴鳳
鶴, 偕行而抵於寺下村, 有希文者, 頗饒居, 鳳鶴請點心, 卽炊餉
之, 又以酒饋之。余騎希文之牛, 入于寺。寺在華山⁸之下, 白川⁹
之上, 石壁削立如屛障者, 不知幾許仞也。殿閣宏敵, 丹艧流照,
極樂殿前, 竪普覺¹⁰碑。卽前朝人閔績¹¹之所製, 集王右軍¹²書字,
刻之, 考其年月, 則元貞¹³乙未也。普覺, 此寺之僧。而前朝崇佛
時, 尊此僧爲大師, 累遣正憲大夫·罷裕¹⁴, 奉書請見, 僧辭以疾,
終不赴召。其書狀尙在,　時則至元¹⁵間也。緇徒¹⁶出示蒙古書一

---

7 麟角寺(인각사): 신라 선덕여왕 때 의상대사가 창건한 절. 경상북도 군위군 고로면
　화북리 화산 북쪽자락에 있다. 일연이 만년에 기거하던 사찰이다.
8 華山(화산)*: 군위군 고로면과 영천시 경계에 있는 산.
9 白川(배천): 인각사 앞을 흐르는 渭川.
10 普覺(보각): 一然(1206~1289)의 시호. 보각국사비는 일연을 기념하여 세운 것으
　로 2행, 행3자씩 음각되어 있는데 안진경풍과 북위풍이 가미된 해서체이다. 비문의
　내용은 보각국사가 경주에서 태어나 출가하여 승과에 급제하고 포산에서 수행하다
　몽고 침공을 맞아 포산에 은거하고 선월사, 오어사, 인홍사, 운문사 등에서 주석하다
　국사가 되고 인각사에 물러나와 입적한 생애를 기술하였다.
11 閔績(민적): 閔漬(1248~1326)의 오기. 본관은 驪興, 자는 龍涎, 호는 默軒. 1265년
　사마시에 합격하였고, 1266년 春場에 장원급제하여 祗候가 되었으며, 1279년
　殿中侍史를 거쳐 禮賓尹이 되었다. 충선왕이 세자 때인 1290년 鄭可臣과 함께
　세자를 따라 원나라에 가서 翰林直學士朝列大夫의 벼슬을 받았다.
12 王右軍(왕우군): 중국 東晉의 명필가 王羲之의 다른 이름. 우군장군을 지은 데서
　붙은 이름이다.
13 元貞(원정): 중국 元나라 成宗 때의 연호(1295~1297).
14 罷裕(파유): 상장군 羅裕(?~1292)의 오기. 고려 후기 진도에서 원수 김방경을
　따라 삼별초를 토벌하는 공을 세운 무신.
15 至元(지원): 중국 元나라 世祖 때의 연호(1264~1294).

貼, 其字體, 非篆非隸, 不可識。而但有朱紅印信如斗者, 三問,
則僧言印璽[17]也。中有金堂[18], 粉書爲榜曰:"至正[19]歲重修." 西有
高樓, 多志遊人名字, 而又有李山岳[20]·宋進士九人姓名, 問則僧
云:"丙子歲, 榜會[21]于此."云。其他奇異之可賞者, 難以悉數, 終
日遍覽, 不知旅懷之苦也。判事僧[22]法融, 寺之住持, 來見。我以
毛工[23]一柄給之, 融以玉米一升·乾柿一串來呈。房之僧信寬, 亦
以餠羹濁醪, 饋之。余之齋糧告罄, 無以爲繼。

1월 8일

아침에 신관(信寬)이 밥을 지어서 보냈다. 이때 의흥(義興)에서는
바야흐로 초자(硝子: 염초)를 구우려는 참이었다. 이곳의 도색(都色:
관아에서 곡물을 출납하고 간수하는 일을 맡아보는 色吏의 우두머리)이란

---

16 緇徒(치도): 먹물 옷을 입은 승려들, 곧 沙彌·沙彌尼·比丘·比丘尼를 통틀어
   일컬음.
17 印璽(인새): 玉璽. 임금의 도장.
18 金堂(금당): 大雄殿. 본존불을 안치하는 가람의 중심 건물.
19 至正(지정): 중국 元나라 順帝 때의 연호(1341~1370).
20 李山岳(이산악, 1548~?): 본관은 廣州, 자는 君鎭. 義城 출신. 1573년 식년시에
   급제하였다.
21 榜會(방회): 과거에 함께 합격한 同榜의 사람들이 친목을 다지기 위한 모임. 李山岳
   과 宋遠度는 1573년 과거에 함께 급제하였다.
22 判事僧(판사승): 승도들을 통솔하는 책임이 있는 승려.
23 毛工(모공): 毛公의 오기. 붓의 의인화.

자가 저녁밥을 보냈다. 그리고 나는 붓 1자루를 팔아서 콩 2되를 사 콩가루로 만들어 마셨다.

八日。

朝, 信寬作飯進。時義興, 方煮焰硝子。此都色者, 進夕飯。且余賣一柄, 得太二升, 作泡以食。

1월 9일

도색(都色: 우두머리 色吏)이 또 아침밥을 보내왔으며 낮에는 태수(太守: 이대기)가 양식 5되를 보내왔다고 하면서, 근래에 장사(壯士) 300여 명이 촌락에 가득 차서 음식을 제공할 방도가 없었으니 이 때문에 제때 양식을 보낼 수가 없었다고 하였다. 내가 이곳에 와서 무료하면 늘 인각사 승려 옥경(玉敬)과 마주 대하여 이야기를 주고받았다.

正月九日。

都色, 又進朝飯, 而午太守送五升粮云, 近來壯士三百餘人, 充滿閭閻, 支供無計, 以此趁不送粮云。余來此無聊, 常與寺僧玉敬對話。

1월 10일

인각사 승려 중에 관아에 가는 자가 있었는데, 내가 이후현(李後賢)

에게 편지를 보냈더니 양식을 가지고 왔다.

正月十日。

寺僧, 有往官府者, 余折簡²⁴于李後賢, 覓粮而來

1월 12일。진눈깨비。

의병승(義兵僧) 비장(裨將) 우경방(禹慶邦)이 이곳에 와서는 스스로
우좨주(禹祭酒: 禹倬)의 후예(後裔)라고 일컬었다. 언변이 영민하였고
또한 글을 알아서 내가 함께 이야기하며 좨주의 외손(外孫)이라고
하였더니, 우경방이 자못 기뻐하는 기색이 있었다. 여러 날 동안
조용히 이야기를 나누다가 길을 떠나게 되자 지권(紙卷: 종이 두루마리)
및 상미(橡米: 도토리 알맹이) 4되를 나에게 주고 갔다.

正月十二日。雨雪。

義兵僧裨將禹慶邦來此, 而自謂禹祭酒²⁵之後裔也。言辯慧詰,
且識文字, 余與言祭酒之外孫²⁶, 則慶邦頗有喜色。累日, 穩敍臨
行, 以紙卷及橡米四升, 給余而去。

---

24 折簡(절간): 온 장을 둘로 접은 편지.
25 禹祭酒(우좨주): 禹倬(1263~1342)을 일컬음. 본관 丹陽, 자는 天章·卓甫, 호는
白雲·丹巖. 당시 원나라를 통해 들어온 程朱學 서적을 처음으로 해득, 이를
후진에게 가르쳤다. 특히 주역에 정통하였고, 충숙왕 때 成均祭酒를 지냈다.
26 祭酒之外孫(좨주지외손): 도세순의 고조모가 監察 禹孜善의 딸 丹陽禹氏이기
때문에 일컬은 말.

1월 13일

태수(太守: 이대기)가 한우(韓佑)·권응생(權應生) 등 대여섯 명을 데리고 오다가 인각사(麟角寺) 앞 냇가의 흰 바위 위에 이르러 앉았다. 오래지 않아 해가 지자, 달빛은 비단 빛 같고 물빛은 맑고 깨끗하여 흥에 겨워 노래 부르다가 술이 몇 순배 돌자 끝내고서 절에 돌아와 묵었다.

다음날 아침에 신선처럼 놀던 여러 손님들은 각기 흩어졌으나, 태수는 그대로 머무르며 모두 동원하여 승려들이 벌목하고 실어 들어왔는데, 이는 초자(硝子: 염초)를 굽는데 쓸 것이었다.

저녁에 태수가 관아로 돌아가면서 나에게 양식 5되를 주었다.

正月十三日。

太守率韓佑·權應生²⁷等五六人而來,　　到坐於寺之前川白石上。旣而入暮, 月光如練, 水色澄淸, 乘興咏歌, 酒數巡而罷, 來宿于寺。明朝, 作仙介遊, 諸客各散, 而太守因留悉發, 緇徒伐木輸入, 是則煮焰硝所用也。夕, 太守還官, 而給余五升粮。

---

27 權應生(권응생, 1571~1647): 본관은 安東, 자는 命世, 호는 魯軒. 592년 임진왜란이 일어나자 당숙 權士諤과 작은아버지 權士敏과 함께 인근 주민과 노복들로 의병을 조직해 郭再祐의 휘하에 들어가 여러 번 전공을 세웠다. 1605년 진사시에 합격하고, 1612년 蔭補로 참봉에 제수되었다. 그 뒤 奉事와 直長을 역임한 뒤, 1616년 平丘道察訪이 되었다.

1월 15일

도원례(都元禮: 도세순의 증손자뻘) 씨를 찾아가 인사하였는데, 술 3잔을 마시며 점심을 먹고는 속미(粟米: 좁쌀) 2되를 빌렸다. 절에 돌아오니 선방(禪房)의 승려 신관(信寬)이 콩 열매를 섞은 찰밥 1사발을 가지고서 나를 기다렸는데, 그의 두터운 정이 아니고서야 어찌 이와 같을 수 있겠는가? 우경방(禹慶邦)이 준 상미(橡米: 도토리 알맹이) 2되를 삼보(三寶)에게 주어 그것을 푹 쪄서 볕에 말리도록 하였고, 또 20문을 주어 백지 1묶음과 짚신 3켤레를 바꾸어 오도록 하였다.

正月十五日。

尋拜都元禮[28]氏, 酒三盃點心, 又借粟米二升。還寺, 則房僧信寬, 以粘飯一椀間入豆果, 待余, 非其厚意, 能如是乎? 以慶邦所贈橡米二升, 給三寶, 使之沈煮曝乾[29], 又以二十文, 換白紙一束·繩鞋三部以還。

---

28 都元禮(도원례, 1562~1634): 본관은 星州, 자는 景贗. 통덕랑을 지냈다. 성주도씨 15세손 舜卿 → 1남 欽祖 → 4남 원례로 이어지는 성주도씨 17세손이다. 도세순에게 증손자뻘이나 나이는 연상이다.

29 曝乾(폭건): 曬乾. 볕에 쬐어 말림.

찾아보기

용사일기

龍蛇日記

영인 자료

《암곡일고》 권1, 1976, 한국국학진흥원 소장

여기서부터는 影印本을 인쇄한 부분으로 맨 뒷 페이지부터 보십시오.

練水色澄淸乘輿咏歌酒數巡而罷來宿于寺

明朝作仙介遊諸客各散而太守因留悉發緇

徒伐木輸入是則煮熌硝所用也夕太守還官

而給余五升粮

正月十五日尋拜都元禮氏酒三盃點心又借

粟米二升還寺則房僧信寛以粘飯一椀間入

豆果待余非其厚意能如是乎以慶邦所贈橡

米二升給三寶使之沉煮曝乾又以二十文換

白紙一束緬鞋三部以還

話

此趂不送粮云余來此無聊常與寺僧玉敬對

正月十日寺僧有徃官府者余折簡于李後賢
覓粮而來

正月十二日雨雪義兵僧裨將禹慶邦來此而
自謂禹祭酒之後裔也言辯慧詰且識文字余
與言祭酒之外孫則慶邦頗有喜色累日穩敍
臨行以紙卷及橡米四升給余而去

正月十三日太守率韓佑權應生等五六人而
來到坐於寺之前川白石上旣而入暮月光如

龍蛇日記

2

龍蛇日記

萬曆二十年宣祖二十五年壬辰四月十三日
倭大擧入寇衆號百萬舳艫相接蔽海而到時
我國昇平已久百姓不知兵革一朝賊兵猝至
邊將莫能禦之或棄城竄匿或全軍擒戮賊陷
釜山等鎭進圍東萊府使宋象賢堅城拒之而
守備未完城遂陷象賢冠帶端坐西向再拜然
後受害賊連陷諸郡水陸並進所向無前勢如
瓦解無敢拒之者監司金睟 役政荷頎 兵使曹大坤

老而擁衆自衛逗遛不戰賊肆然馳張如入無
人之境時牧使李德說判官高峴帥本州輕騎
五千隻屯玄風之境虛驚散卒扵是人民盡駭
遠近騷擾哭泣之聲徹天動地矣時余與諸族
共謀避亂論議多端莫的所從有人云濱山則
賊必疑其藏兵不無窮搜之患殘山則豈能盡
搜今計莫如竄伏殘山觀勢以避此萬全之策
皆曰諾因決議約入乞水山
四月二十日埋家寶齎衣粮而坐適家有薄醪
與族兄是春金叔輅飲金叔攀盃出歎曰生丁

不辰遭此極變未知此後其得復飲於斯耶因
凄然泣下時登高望遠煙氣接天賊奇愈急余
招從叔家老少 時章叔戍 與之偕出至族叔 應
星家以此俱告叔亦悚然出門與我並行觀者
或譏曰賊先到爾家乎何其早動耶因止之皆
不從而去坐於介台松下俯瞰閭巷望見祖墳
喟然長嘆曰世傳家舍將爲煨燼一坏先隴必
作兙丘皆潸泣而盤桓不忍去薄暮到山店借
留鄭淡沙家明日諸族咸集是夜李叔 陽德佩
酒而來邀諸族飲數盃而罷來此有日賊奇無

龍蛇錄高券之三   三

閗

四月二十五日聞賊陷玄風自山店首出登山

李叔陽德曰一何輕動乎今日小停與我等同

議處之不亦可乎余等不應而去上中峰回望

江左烟氣暗天小休相語之際爽協馳到同往

放目菴爽家屬己寓於此矣明日李舜卿爽得

鰤亦來是夕得鰤宰小犢送肉數條家蒸艾餠

和蜜而進得鰤母氏及妻並來

四月二十七日在放目與協議曰此處人多所

見煩劇不可久留卽於菴之西峰之外斬柴圍

環假作宿食之所與爽協一家及諸叔家屬同
處約以為雖有急遽之變須相救扶持以共死
生云暮望州城賊已據之炬火滿城光徹雲宵
四月二十八日朝兌火四起烟焰漲天白日迷
暗咫尺不可辨矣人皆怖懼悶知所之竄伏林
中須臾賊登峰上叫噪轉石聲震巖壑益膽栗
心摧急起疾走轉入滾谷則家君歧往他所舍
兄尋奉來到巖底而坐日昃自度州城不邇
賊必己去皆出來俄有一人含命而趨來問其
故則為賊所逐云遂還入其巖罅左右渴甚舍

而登約曰吾先道而無倭則輒嘯公等從其聲

所之況今日乎誠用君言大禍難逃耳遂揚袂

欲止在公甫云昨日只見二賊人皆蒼黃不知

險可避禍之地使之前導而行抵昨日巖上頹

則必死矣因強邀李舜卿公甫以爲知山中阻

殺氣甚酷云何不速去也皆憮然却食曰今日

晨興方食僧奔告云賊自山之北麓圍而來搜

四月二十九日四方焚懒之火甚於前日余等

其餕飯暮還部幕 二賊來 今日只有

兄俟其賊退汲水滿瓢而來漬乾喉而飲因食

8

而來皆應之攀緣魚貫而進至峰上四方奔避
者旁午適遇金大父　遇衰乃指示不可避之所
而且俯見則蔚然翁翳逐縱轉而下坐於崖底
愁焉一行之人無不毀傷涕泣者小頃火起山
店其去不遠巓頂炮聲漸近人皆鞠躬跧伏少
弟欲泣急以乳泪其聲尋有兩人轉下前峯近
則乃族叔　應農金叔　軺也見余等愕然曰何其
安坐耶吾亦爲賊所逐而賊追踪到此耳聞其
言皆緣崖投下時潵協有老母其妻亦妊皆不
能步協以腋扶而曳下蒼黃罔極淚自雙垂徑

五

9

蹄峻嶺走入箭峴後屛樹而坐令爽協及舍兄
送于峰上覘賊去就未久協先來云賊自山外
直向州路矣旣而火起山底使公甫往視之是
野火所迎者也尋有一人蹶然而過問之則賊
鋒來此坐處亦可危矣等皆喪膽欲走而舍兄
未還故不忍相離且褽協已探知賊之所向故
厥言未可盡信然心不自安坐冀僥倖慈親法
然撫復禮曰吾與若同死一時至於幽冥之間
母相違矣聞者莫不憐之有頃聞風聲鳥鳴以
爲賊至皆聳動疾走到于峰上則賊兵已去而

舍兄且無來處意其退伏扵叢林周視其四方
而招之稍無形跡父母曰測謂其遭禍呼哭奔
走欲與同死且顧衆協曰汝與余子同往眺望
固宜同還而汝獨先來使余子置之何處乎協
亦憂悶罔措余痛哭而下厲聲大呼良久山上
忽有應聲自遠漸近乃舍兄也金叔軺登嶺呼
曰果是汝兄乎曰唯唯叔因告于余父母父母
即收泣先還余留而待兄及見喜淚益沾扵是
人多相失呼之聲動地兄弟具徃放目父母
與諸族苦待之及見家君泣而撫兄背曰汝若

晏谷集鬼高卷之二

六

不幸老父何所依耶因訊其故兄乃抆淚而答
曰吾眺望山脊見賊自峰上來之吾折柴蔽身
依樹而立俄頃後有跫音急顧視之有一賊大
聲猝入吾輕身走避止於巖壁其下數仞進不
得退遂縋縢藤裏身而下匿其底未幾忽有恠聲
哮吼座後窺視則有兩賊覓之而其間只隔一
林纔五步之內也暴起迅走經越高峰僅以獲
免云聞者莫不感歎如見再生之人也因喫飯
晡時來部幕則所藏衣貨一不掠取而但馬一
匹牽去耳從叔婢銀之云婢伏於幕邊聞之賊

234 암곡 도세순 용사일기

數三到于幕將焚之有一倭止之曰此主人夜
必來吾屬若出其不意掠之則所得必多請勿
燒之相與語良久後散去云云盖倭語不可通
譯婢之此言妄誕無理然徘徒不焚其幕所藏
綺衣亦無所犯故反以疑惑莫定所歸猶豫之
中日己昏黑又望見大夜諸村火熖未盡以爲
賊屯宿於彼而將奄襲於此也人皆失色戰慄
爽協云事急矣余等各還家基鼠竄林藪亦以
免禍安能繫此而駢死也皆棄其衣物脫身而
行山路險阻風雨又作傴僂提携而下至店村

十

前遇安峰僧聞僧桂崇被殺 此僧壬寅生於吾有救病之恩自

此兩勢愈急夜甚晦暗從者皆迷路而散卽相

呼應聲而聚唯復一無響以爲未及來待之移

時竟寂踪迹衰協携其家屬先向沙頭谷余等

冒雨佇立自度簧頭閭金者必負而先往遂發

行而泥濘瀾甚皆顚仆於路無不傷毁者至晝

院前遙望遠近村閭兊火未滅鳴吠不絕疑以

爲賊急還介台從叔家則復一果先來矣復一

先到而泣回父母來何遲及見喜動顏色問家

事及賊勢老奴命復云家舍二十九日灰燼且

奴銀卜被虜而去爾皆悲歎垂淚又跋涉之餘
氣力困憊方欲小息奴云此方賊來之時也不
可頃刻留滯卽走入爽應喃墓山令婢炊飯而
來置於一器而共食 火至是年冬亦爲焚爐 大家雖己焚而祀宇獨免
四月晦日兩勢彌注不堪濕濡之困來爽義守
家熱火燎衣因占心後父母携幼還向爽山余
與兄至宋公墓山坐於穉松之下時連日値雨
身着盡濕寒氣徹骨而又未得寢寐者己久故
兄肱戰而睡余呼覺之偕來視墳之側望見樹
村人皆奔避四方又有逐馬者兄弟相泣曰役

〈 最令危高最之 〉   八

是賊也不久來此奈何奈何欲還乞水則父母
困不能強步我二人獨去則人子所不忍也不
如駢死扵爺孃之側遂跧往瀼山父母妹弟亦
冒雨而睡余告所見則曰死生在天只待天命
而已是日賊果不來誉還義守家君及兄借
宿洪必逢家慈親及余與妹並留義守家盖村
洛擧入兊烟而獨瀼洪雨幕保存故瀼應㿭慈
親及其妻子瀼德昌妻努上下並三家諸人皆
會扵此而人多屋窄不得僵臥皆接膝而坐加
之以屋漏如注又無對燎之火其中困悶之狀

16

難以盡言中夜裹德昌來言倭賊屠戮之慘莫
甚於此我將捐妻子而遠遁爲計今君何以爲
之如君年少之輩逢必斬截云勿須顧念他事
惟以保身爲主母子聞其言驚震喪膽相執手
流涕曰今遭極變勢難相保而倭奴嗜殺男丁
云汝等各自遠遁得保生還則不會汝一身之
幸抑亦父母之幸也汝其遠走子對曰不可如
其去父母而永生不若侍父母同死慈氏益爲
悲痛余往洪必逢家以裹公言具告于家君家
君曰賊雖好殺豈能盡殺乎洪亦云公不驗裹

九

公之訛言乎千萬勿惑堅臥暖突以燥其身上

濕衣余懼幔小弛蓋嫌公初以遠遁自期明朝

與其所愛俱入瓦窟中終日不出其虛妄無實

亦可想矣 是日妹氏被害得蹦

五月一日晴黎明投入襄公墓山日午聞本州

屯賊盡向金陵而去余等以來介台從叔家 叔家

焚爐 辛不 是日虛驚登山者再三銀卜亦逃還而盡

削髮衣倭袍宛如一倭奴也伏庭中而哭回初

被執之時衆倭圍立白刃臨頭不圖今日生還

故里再覩主額間者莫不悲歡且婢守貞伏於

18

鳳鳴亭爲倭所執拿捽而去其母愛情望見之
蒼黃罔措呼天大慟顚沛而尾趁賊或有拔劍
追撞者而亦不以刃故愛情聞倭將坐書院冒
白刃突入哀號攔踊倭雖殘暴禽獸之性亦感
其母子之情卽令放送是乃四月二十九日事
也是日輸還乞水山所藏之物（衣貨及書冊也）
五月五日朝雨午晴余始上冠日夕皆或坐或
臥於新屋令人覘於門外已而奔入曰倭賊五
六馳到樹村云余出視之果如其言余遂奉慈
携幼弟趨入家後山小頃舍兄揮汗而來曰賊

自書院長馳已到介台余等走入乞麻山匿松

林之下族叔應震率其妻子而亦來矣移時賊

八衷義守家或撞破瓮哭或叫噪大喝響震林

竆余等望見之皆怖懼失色自分必死都叔以人

土塗面小避李希伯及奴逢山春孫等自介台

蹴賊尾至以手指其斜日且謂其賊曰己趁暮

歸路且遠爾當速還賊自義守家直下州路李時

雖見之不為驚訝但介台所藏錦帛衣十餘襲

希白得為倭牌倭

掠取而去暮還介台因與門族約以明曉往甋

山坮面時惟聞倭唯農夫不殺人皆逢頭六日鷄鳴

與諸衆夢鼇應星金輅裳德昌余應衰是春是仁金鏊汝凱德凱

下並四十餘人偕出向甑山而行至大夜村朝內外上

炊焉相議曰今者倭賊橫行雖遶山窮谷無處

不至吾等之行不可輕動今日必徑過此山乘

夜入甑山爲計也乃行其言進至中峰各自分

散望見鼎谷等村烟氣湧出遂匍匐而行憩於

嶺上尋有數人登前山呼曰白衣三者馳大夜

村云余等又遁乞水山南麓使人往視之白衣

者乃呂澄也曰晡還大夜村又聞甑山焚蕩方

極此爲人計無所出皆議而還雲谷所欺也此死則首丘家山之

龍蛇兔高錄卷之二 十二

時舍兄累患草瘧氣甚困憔然强疾而行缺也計

月西沉山路崎嶇人多顚躓至介台夜至四更

五月七日至家基徘徊於頹砌之上有一人望

見橫渠前溪有脫笠而獵漁者誤以爲賊極走

登山慈親與妹竄身入竈中因以瓦石壅蔽舍

兄及余與復一投伏于靑龍趁暮皆還介台

五月八日余奉慈親携幼弟投牲羅浮山 與兄 家岩

台在介 與族兄 是 春兄弟之妻子及瓖德昌妻女

共坐寂而不語日晚小弟復禮年四歲啼泣不 己丑生

輟惡其聲余背負而來介台授金德余還向羅

浮忽聞頂上有呼之曰大馬等處烟火大熾余

急往見之執班旗操戈戰者絡繹於扶桑之路

也日昊皆下於池岸（都汝凱池塘氏）又族叔夢虎率少

女登山踉伏遙望襄德昌於求坪之野追打其

奴錯以爲賊疾走而去余等亦散走登山知其

虛事然後卽還下得聞甑山燉刦不到人民安

堵云因與都叔相約以往甑山云

五月九日乃祖忌也雖奔竄之中不忍虛度具

醴餅以奠時天氣初曙雨且方作族叔（夢虎率）

其二子（是仁春）及婦女自具裹衣而去余等亦以

巖谷免禍卷之一

十二

莞席裹身追及之踰馬項峴直抵赤山寺下聞

寺僧贊屍與倭交通往來頻促過大院嶺舍

兄自此回還雲谷 家君困極在余等冒雨衝泥 家故還也

夕到井坪李敦復家兩足盡蠒困憔極矣因借

留於此 連三日雨

五月十二日陰靈輀收李逢春請余等爲朝飯

午牧使馳入敦復空舍族叔 夢虎先入席項 叔

中城將不吉於牧而凶歸故聞令妹與叔先去
牧有意督過之今乃脫身獨去不能從叔而去也

妹泣而辭強以送之 父兄未來故余等李得龜

母氏乃余再從姑母也是夕請余等饋飯

五月十三日雨復作余等亦爲逢春所邀方食
家君率舍兄及復一自雲谷盡濕而來逢春亦
進飯其意懇厚夜宿敦復家
五月十四日晴朝村人洶洶云倭奴十餘人渡
溪而來余等走越井坪後嶺至布川下見李逢
春李得龜渡水而去余等亦覓慈親而渡與逢
春等登前山伏於澗谷中日晚瞭望遠村烟氣
淡然兄下山底問諸路人答曰井坪人厭牧伯
以避亂來者誑告爲賊未能實然也等皆還下
夕到席項借接崔忿年家盖都叔先來接於此

矣

五月十七日晴聞賊到井坪與都叔一家遁入

後山而山甚隆削不能着足攀緣而登及峴頭

皆困臥陰中日已向晚族兄是春俯見山下有

疾走者疑是賊來驚惑散避各投林間有頃兄

又呼曰此必虛事也村人恬然安坐爾即還下

果虛驚向所疾走者乃失牛也此後五日連得

在家

五月二十二日雨中奴僕自雲谷皆入來雲谷

則焚蕩日甚人不能接足云雨勢連日屋漏如

26

注以油芚傘而備雨坐而經夜者數日又宰小
牘諸家共饋此後數日或登或否
五月二十六日登後山日午天有雨徵余欲徐
下避沾濕之困都叔虎觑然曰是何言也方賊
猖獗其可安臥盧耶汝言妥矣未幾風雨大作
衣盡沾濕不堪其苦而還明日亦入茲山時四
方賊雲集城中燔刧彌甚殺戮滋憯人民荷擔
扶携而至者絡繹無絕於前路矣
五月二十八日在忌年家諺曰投林之鳥久而
不飛則不免罹鏃之患斯非虛語矣今吾等之

十四

久在於此者不幾於不飛鳥乎卽與都叔發向
甑山時陰霾未收黑霧沉泄促行蹤嶺嶺益懸
危休而復上艱至嶺上有一林曰天王峰行者
必致敬而過從叔之母亦祝于前曰英靈在此
願使一行之人盡脫將來之厄余笑而止曰若
使天王有靈向者邑中天王堂何其見火乎請
勿虚祝也左右目之曰明神之前須莫煩說趁
晚到甑山文峛村惟有數店而移人已爲充滿
循環詹下而坐者無數依樹而露屯者又不知
幾多也余亦未得依宿之所彷徨之際聞李得

28

龜在梁年家余尋見日日己矓瞑雨且霏霏請
借過一夜龜等託以賓狹初不肯許余讓之曰
切親之誼何薄哉如此雨天其可露宿耶龜不
獲己迎入饋以夕飯宋叔 遠度 昆季奉其慈氏
亦來接于梁雪京家余尋拜之是夜余兄弟陪
家君與宋伯叔並宿于梁雪京砧室
五月二十九日晴閒金叔 潤袞 三昆季挈家來
此余尋拜之觀其所居則以柴茅圍而葺之亦
足以避風雨也余等未得休息之所亦欲假幕
而別處卽於澗邊刈薪爰草則人言虎衛徃來

十五

29

路且新晴地濕故皆棄之

五月晦日晴宋叔自梁雪京家轉向草項李景

春自梁年家移入雪京家梁年家稍有寬容可

接是以余等與李逢春李得龜並留接於梁年

家時一州之人幾聚於此而余表裏諸族亦咸

集山谷淺邊賊路脩遠故人皆自安日出而會

乘昏而散荒立開逕遂成大路而儼然別一區

村也至六月旬間賊人據知禮作其虛穴或犯

寇於甑山之境人情洶懼皆入居昌存者只金

大父都叔李逢春李得龜數人而已時復一戌丙

生時年
七歲 得痢疾羸憔骨立而藥餌難得久未得

愈閒川魚爲良藥求網子於得龜則其母子託

以先人之物不可輕借云而終不許之余等罵

其薄於所厚者然後借以破網余與逢春敦復

歸龍湫方張網聞賊越釜項峴遂捲徊而走時

擘叔夢獐亦還自邊方有日矣

六月十八日夜半金大父常呼曰知禮之賊今

日丁寧犯此云汝將何歸我卽發向居昌余等

驚促食與逢春等偕出時天氣未曙路甚昏黑

慈親負復禮而行至於澗中苔石滑甚不覺失

農舍龜高卷之二

十六

足而墮禍及扵左股不省傷其臂而問曰吾臂
擧而不擧何也余大懼撫臂而告曰己傷矣遂
憮然失色曰吾何厄哉厄哉余折柳梢而緶之
以裹其臂又以柳安係之扶而徐步至中峰余
告曰動身行步則傷處益痛請留此可也慈親
喟然曰吾若在此則汝等亦從之如有不測之
患則吾之死雖無所憾扵汝等汝等何遂强步登山
顚余等相對痛泣金叔與我並行金叔輟諸族
亦莫不傷歎而揮涕出時兄通午慈氏渴甚求飮
逢春云冷泉在此余尋到酌爲煎羮和食而進

日暮還梁年家傷臂痛苦不能僵臥傾身倚枕
經夜
六月十九日早朝登後山午舍兄來自雲谷聞
其患傷奔往哭相語之際金澤者於山腰作倭
聲人皆大驚急起探問乃知金也厥母亦與我
並坐共驚動其愚妄之甚矣趁暮還來余兄弟
侍左右慈氏歎曰吾乃今日知其子女之貴也
呼復禮而抱置膝上曰吾若不幸而殞命則汝
將誰恤遂悽然泣下時復一又得痢疾沉綿浹
旬氣息奄奄不能自步余常背負而行今者四

方屯賊霧集州城殘山屠略甚扵前度人情大
加騷擾皆遁入深山而余等以慈氏病故不能
遠歸留注扵此凌晨而陟趂暮而還者連至十
有餘日也筋力勞苦而手足盡𦊆可知亂離苦
也
七月一日慈親又痛胸腹勢幾危矣移時乃愈
從兄　是春來自居昌進謁余慈氏垂淚不已時
又虛驚登山者殆無虛日　復一尚未得愈而口
苦索蜜求之主人則吝不肯許余不勝其情自
取扵蜂筩中蜜不得而反爲蜂䖝所刺闌者莫

不笑之主人知其情懇遂獻伯清數勺時又顂

小犢與襄協共食 時協在 居昌

七月十九日聞賊奄襲樹扴諸村被死者四十

餘人而申公呂公爲被害云而未知實否余往

于李叔 陽德 寓所聞其實奇然後不勝慘怛又

未知奴僕存没卽送春孫扵雲谷明日來云奴 時大家己

僕皆善避而但焚書冊竊鞍子而已 時大家己灰祀宇保

今皆見爐祀宇亦焚
存書冊雜物藏于此而

七月二十一日舍兄歸雲谷明日使奴扵屯焚

餘雜冊二十餘卷及鐵物送來明日兄亦還時

義谷龜高卷之一　　十八

義兵大將領軍討知禮之賊未克而退軍卒死
傷者甚多然賊亦疫困且寡不縱留於此乃退
付於開寧之賊甑山稍得小安始免登陟之勞
八月十日送逢山於草溪廿七日還言草溪村
落如舊老主亦得無恙焉
八月晦日余兄弟將歸雲谷至元興日已昏矣
村人皆登山問故則曰賊每夜襲故預陟待變
云余頉然其計將欲登山而未果彷徨間褒殷
瑞來見余言其所慮者則曰今夜投宿此山而
明朝觀勢以定去就則萬無噬臍之悔也余益

然之即令襄奴炊飯而來食訖登長基峰頭與

金大用襄緯國等同宿夜望州城南亭之下焚

火二所終宵不滅

九月一日來介台從叔家叔合留此而奴僕會

扵此是日收海印番租此叔家並作也 時叔中傷凡子

中夜馱其租而發至元興洞休于大樹下村人

登山頒疑之以石投下余令言居止姓名使以

知之至候里村後嶺兄自此還雲谷 計欲秋收也余

率奴允金銀福而去適風雨大作終日不止盡

灑而還明日兄亦還盖自五月來入甑山之後

余則侍父母常在此兄領奴僕往反雲谷而覘

其賊鏃或耕墾播種或收埋穀物運粮不絶而

肉饌奉養之物亦相繼覓送雖曰亂離而儲粮

尚有餘裕一家之所以保存者莫非舍兄之功

力也

九月十日余將歸草溪率奴逢山及婢琵今而

行避是屹音嶺伏兵徑踰不路處至海印寺聞

進士叔寓知足庵尋拜夕飯後宿于海印寺明

日來用淡朴大父家宿明日來草溪一家感泣

如見再生之人也

九月余自甑山歸草溪外家陪侍繼祖母因留
焉至十月連金伊奴家不淨守代年化兩婢相
繼痛苦疑訝莫測塞南門絶不相通苟留數日
有人曰年浹老親不宜久留於病叢中不如速
避之爲愈也是月十八日奉祖母避接于晉陽
家朝食後余率淡乞還入家中藏置其所儲雜
物粗穀廾餘石於樓上而鎖之其餘衣服穀物
盛之瓮裏埋於廳下招連金伊敎以謹守而還
到晉陽家則似有厭態而且迫近病所故時欲
移寓處使老婢丐今借屋於毛也上村則無肯

許之者及暮奉祖母率童婢先令玉代等借接

於豆士村李仁受仁受卽外家媵族也性甚寬

厚者旣至欣然迎接遂虛其內室而處之其家

眷則別處於土宇中其厚待之誠不可量也且

仁受全城孽裔貧窶不能聊生而先祖神主畫

藏於筐簽中懸之壁上而遇節日則必開櫝而

薦之雖在亂離貧窶中必盡奉先之禮其追遠

淺誠可知矣

十月二十七日舍兄率奴命卜加音年銀卜而

來〔時父母兄弟避亂〕八甑山文尙村

十一月五日舍兄還向甑山余送于上巳江邊

盤桓不忍相別兄曰當此亂世死生難期不知

何日更相見耶携手佇立泫然淚下之際奴輩

以日晚促行兄遂別余騎牛渡江牛足溺沙誤

仆水中兄之衣袴盡濕未及乾燥換着吾袴而

行余旣別兄而歸心懷惘然不能自定耳

十一月二十一日舍兄自甑山又率命卜允金

伊而來廿八日還

十二月四日允金又自甑山持黃肉若干而來

令賀穀物余持肉二膆往獻城山曾王母前俱

嶺谷兔高卷之一　　二十一

道父母避亂竄山絕粮困頓之狀王母不受肉
而以正租四斗給之余持而卽還而允金似有
病臥之狀問其故則曰昨日忍寒渡水冷氣徧
身因此成疾云云以溫羮饋之日以向歇矣初
九日余往甑山省父母使尹金伊負食鹽及碧
魚一枝而行到安川前江登冰涉越抵上巳嶺
則允金前疾復作寸步必憩于時黑雲蔽天寒
風冽冽余曉喩病奴强疾而行至于用淡朴大
父家則日己暮矣夕飯而宿
十二月十日尹金病臥不起主家頗以染疾爲

慮余心甚未安所持魚鹽借置於馬公家遂煮
粥以饋之使強疾登路至住鶴亭嶺下允金仆
于路中不能運步余盡給所齎之粮使之徐入
村家調病追到而余持弓劍獨行薄暮至覺寺
鄭來庵則僧徒閉門不入余叩門良久有一俗
人開門引入與行旅共宿于法堂冷處
十二月十一日凌宵出寺則林壑昏黑疑有虎
狼遂拔劍而行到武陵橋則日高四五丈自此
飢困頗甚步步必息或拳雪而啖之艱到海印
寺則門閉而不開呼一僧請入不顧而去遂踰

二十二

墻而入聞宋進士携家寓此卽尋拜從姑不暇

寒暄而先告昨日今朝皆未得食飢甚困頓之

狀卽饋以朝飯食訖又聞金叔甲齡內外皆到

此往拜而卽逾寺峴丁馬乙至異乙音嶺則積雪

盈尺時見豺虎之迹交接於道心甚怖然艱關

越涉至于素峴逢主人梁雪京得聞寓所平安

之奇以且言此去路邊牛希綪介之婢復介以癘

死而委棄之不可直往其處云舍其路而徑踰

文乃嶺入寓所則日尚未西也余自九月往草

溪至今四箇月始來也父母兄弟如見再生之

44

人握手垂涕而咨嗟曰遭此極變一家得保今
日幸莫大焉而汝在遠地不得相見父子思戀
之情當如何哉以此疚懷日增今既覩之喜不
可勝也時金大父挈妻孥止接于梁雪京家癘
氣方熾而與我寓所梁年家只隔一籬是以恐
其傳染杜門不出言語亦不敢高聲但都懍及
都叔 仲丁 結幕相近處而皆無恙故與之同話
也舍兄曰病家迴近常有恐懼之心汝當速還
余強請留之及夕母氏手炊飯以食之曰汝今
飽吾手飯曰後相見何可必也

二十三

45

十二月十三日將還草溪也母氏尤極悲噓母
子相對涕泣而別徐行回顧則母氏倚門而遠
望及吾行漸遠不見而後已至異乙音嶺冰雪
塞路還送所騎馬于寓所獨與命卜步步登嶺
則鵝林伏兵軍屯聚于此禁截往來行人留命
卜于嶺上余獨踰越見伏兵將慎浩請招入卜
奴乃許之金大父及岐山叔父子都項各叔先
來到此矣日午志遠兄奉其親挈其妻向往居
昌余與金大父偕往海印寺拜于宋進士叔則
以徃來病家爲慮因往金甲齡叔所接之房夕

飯而宿于圓融寮

十二月十四日金大父先還余亦尾行至住鶴

亭上則允金前病尚未愈徐徐上來及見余等

仆地而哭問其所以則嗄咽良久而後答回所

持之粮即時見失扶病而入村家則人皆杖逐

之顚仆路邊霜雪上已累日矣病且飢萬無還

家之力若死於溝壑則誰爲吾掩骨也因失聲

痛哭余惻然不能自抑坐於石上使命卜除所

齎粘飯以食之命卜云日己酉下且不可與可

疑病人如是久坐余頯然之變喻允金誡以指

龍蛇錄高卷之二

二十四

47

送日萬全軀命轉到寓所余則來宿于朴大父

家

十二月十五日命卜還送甑山而前日所置魚

鹽並送之余獨行歸豆士李仁受家祖母尚無

恙也廳下所埋之物正稻三十斗至月二日見

失二十四日粘租十斗及中袴二件汗衫二件

布衫一長衣一精麻六束正稻十斗失之又十

二月初六日早稻二十四斗失之二十三日稻

十三斗学裳一件径一斗見賊疑其信伊所爲

究問不服莫能指的

十二月二十五日曉金吾乙未來言逢賊之物
庶可推得詳問之則姜于音石者偸去云余與
吾乙未偕來連金家朝飯時連金家癘疾己歇
隣人相通往來也先執于音石之所與同偸童
子推閱則歷歷自服請都將李斗星掩襲于音
石家而失捕執其父與韓莫孫者囚之莫孫乃
于音石之同墻也明日余欲訴官而推徵所失
之物往官府不見太守而歸其後以雄牛一隻
小犢一徵捧是夕余進飯將食而氣甚不平欠
伸頻數寒慄徧體因此痛臥斯則向日歸連金

二十五

家時傳染之疾也

十二月二十八日病勢漸重故不獲己奉祖母

還入本家苦痛十餘日而起祖母及童婢相繼

染痛自是染氣復熾

癸巳正月九日家親自甑山率命卜而來聞家

中病熾借接扵李仁受家賣豆士沓扵内京處

捧穀物十七日舍兄自甑山進到十九日陪家

君運粮而還甑山二十九日加音年來

二月三日加音年還星山二十二日舍兄自星

山來扵時父母移寓大院

三月三日李士閏琚來坐廳南簷下相話日密

將歸吟詩一絕句曰綠人醉起堆窓望寂寂江

沙十里烟叟愛愛風邊紅艶在一枝村杏帶春妍

琚之三昆季奉其雙親來寓於隔墻家與余日

日相從情好甚篤者也

四月十一日舍兄與是仁氏自星山來明日同

往三嘉賈鹽而還

四月十六日爽協與其從弟尋余而來坐于松

亭下使人呼之余出相話朝飯而去十九日余

往城山留數日歸

二十六

五月一日加音年自星山來初五日持粮而去
中路逃去甚可痛也初九日年金以天兵支供
從馬軍徃尚州二十五日從叔章傳親患難名
之疾十餘日而起舍兄纔臥方在痛苦中云憂
慮罔極心神散亂而時江水漲溢難越涉不能
愛聞消息只自腐傷而已
六月一日章叔始還覓送玉粒五升于廣院初
七日連金自尚州來言歸路歷入廣院則病患
傳染又聞母親已寢疾矣十一日命卜自廣院
來始傳終天之計攀擗之痛天地茫茫其間奔

哭事不忍盡記

七月二日舍兄自廣院來時倭賊進屯宜寧地

人皆避匿山谷舍兄留陪祖母移避于上舍城

下余則初三日將返星山徃宿于高靈金叔軺

所寓之家初四日歸廣院則父親及第妹皆平

安矣同留

七月十日余自大院至用淡山茶村憩于銀杏

樹下時李善承叔及柳士順率家屬避亂而露

屯於此矣余亦留此夕飯而宿明朝飯于朴叔

家因來毛也則舍兄奉祖母已還而宜寧屯賊

二十七

退去海邊云

七月十三日舍兄還大院二十五日自大院率

二弟復一禮一而來

八月九日舍兄歸廣院二弟則留此二十日舍

兄自大院率命己而來廿二日命己先還大院

是日文正字叔聞余之有銀而送人請買舍兄

持去賣八兩銀捧三十斗及木二匹而歸二十

六日舍兄以庶嫂辛氏田訟事徃本郡官府因

向城山明日還晦日還大院

九月二日余以推捧銀價事徃文正字叔家則

文叔適出不遇而歸

九月六日曉淡乞之妻奔告曰陝川人成群環

圍於金代家余驚起出視之果如其言結縛金

代曳而去之請于副將李明世招集村人追至

江滸奪金代其徒澳散挺其一者縛而棍打之

盖前者金代之夫族牽一牛止接于金代家私

自屠殺江陽人劉德明者失其牛疑其渠之牛

而如是乘夜來捕也

九月十六日命卜自廣院來翌日余與復一弟

率命卜薦祭用油果一笥歸廣院往宿于用淡

九月十八日與金大父偕行至長洞朴叔家而

宿明日冒雨而歸廣院都習家

九月二十日行百日祭明日與舍兄歸雲谷家

基摘柿而宿又明日還大院廿四日家君以事

往省法山牧伯留陳處而未還

九月二十五日余與舍兄及復一弟自廣院往

八溪行至冶爐日已暮矣借宿於河就海奴家

時金兄行遠奉其父親來接於此矣與之敍話

明日還毛也

十月七日打辛氏嫂田粟分廿四斗十九日舍

兄歸大院前日賣鍮錚盤於李大約許只捧秋

年三斗而置之是行也自擔而歸耕種於雲谷

也

十一月一日舍兄率命己於梅而來五日賣於

梅于朱達文初九日舍兄歸大院

十一月十三日余欲促捧銀價往泉谷則文叔

又出而不逢唯與李江山相話趁暮而歸則褱

福源自高陽尋我而來方跋足而待也及見相

與喜極夕飯而宿于連今小房燃枯竹炮其所

丐黃豆且啖且話終宵不寐亦亂離中奇事也

二十九

翌朝連令炊飯而進其歸也與之携手同行至

豆士江上徘徊岸邊不忍分袂相對涕泣而去

別後茫茫終日無聊也

十一月十六日家君率妹自高靈而來余牽金

代家小牛又借鄭舜元鞍馬迎待于上巳江邊

陪父而來舍兄奉父親率二第一妹及婢愛丁

守丁奴命己留接於連金小房始設別饌余則

託食於祖母

十一月十九日舍兄爲見李義得往用淡盖義

得以虞侯方巡點水軍擇其丁壯赴防故朱達

文請曰若以渠老而除防則厚報云故兄欲因
朴大父請除而義得不許之時余率連金往江
陽市賣木買米不利而歸
十一月二十三日李叔善承家奴凡長者放牛
裂破吾家鳥網使人招凡長而責之其人不服
俄而允京忿年兩頑惡者追來辱之此出意外
無妄其爲憤痛可勝言哉廿四日家君聞李義
得巡到本郡往請朱達文事不聽
十一月二十五日舍兄率連金與草溪人運竹
于八莒劉摠兵中路而還以運竹軍多不去不

三十

59

能獨行故也廿七日舍兄再徃八莒唐將陣處

十一月晦日午家親率小弟獨坐小房余潛取

祖母所藏果實袖而進之

閏十一月三日聞文正字叔以從事官到郡父

子俱徃見之是日賣楊林畓捧荒租九石明日

文叔請于郡守得粟米五升給之及暮陪父而

還六日聞察訪搜穀扵村閭雖儲一斛者輒取

之村人遑遑藏匿穀無異扵賊來云

閏十一月十一日命卜自大院來言都習家所

藏之物無遺見失云十二日舍兄自星山來而

都習所
失之物未得聞知矣
閏十一月十五日朱達文來言察訪多定私儲
穀若請于文正字轉請察訪而半減則所減之
中折其半獻于寓所云云舍兄爲見文叔率淡
乞馳往三嘉則文叔已遠去不得尋見來
閏十一月二十三日都習家見偸之物欲爲進
尋呈狀于官舍兄率命卜而行止宿于用淡朴
大父家
閏十一月二十四日至石水庵下則有僧作餠
而賣於路邊買食者十餘人余亦給米一升買

三十一

餅六片奴主三人分食夕到赤旨村借宿于朴

浩家二十五日往大院都習家則習也已去居

昌市矣

閏十一月二十八日往安峰寺時郭有司來此

相與敍話寺僧信岑及還俗人士元作粥以進

十二月二日與信岑將還八溪也點心大里李

王家午後至廣川借宿於朴溫永寓家明日值

風雪不能行因留宿焉三日還毛也信岑則往

其兄家

十二月十一日舍兄率命卜守丁等往用淡朴

大父妻葬所明日命卜守丁則先來十三日舍

兄得油果若干裹紙而來

甲午自正月儲粮漸渴別無措辦之路常以粥

飲之連命飢困日極計無所出家嚴與復禮留

連金家使連命連金除身役以饗三春而舍兄與妹

及復禮還向星山舊基欲爲採菜連命計

二月二十日率奴連金命己婢愛丁守丁等持

粮若干發向星山父子兄弟相持痛哭而別

二月二十二日北風大起雲物飛揚念我兄妹

困於路中飢寒不覺氣塞而垂涕蟄日奴歸言

〔長水色高忠之二〕

三十二

上典則無事徃而但命己死扵路中命卜踪伏

扵舊基部幕而僅僅連端云

三月十三日余陪父親登甲山遙望鄕山想兄

妹困扵飢渴父子相向而泣因採蕨而還

三月十四日祖母出砧室余入房中潜取粘米

一升果實若干裹紙而埋于樓下瓦石中又借

得哀公扵金別坐入扵竹筩中以木鐬其口而

藏之壁間意欲歸遺兄妹也兄妹一去之後無

人變通音聞泫然家親思念日甚常流涕以度

三月十七日余將歸見兄妹得稷末爲行粮而

自負所乃食鹽及粟米哀公與稻米若干而行

至于達里前則日己沒矣借宿於朴而立家則

以艾粥餵之

三月十八日至雲谷則兄妹僅保線命而飢色

滿額及見相與失聲痛而悶奴僕則命卜愛丁

守丁己餓死矣余留雲谷時兵火之餘人家蕩

無所存逢蒿蕪草茂沒于地而惟有金俊公五

男妹還接於金景哲遺址爽應輔移住於朴

谷其間不邇未得相從而話其孤索之狀不可

勝言

三十三

65

三月二十日襄福源來見而傷於飢渴食菜無

節焉廿三日余陪兄而往雲谷李澈故基見陝

川流寓人喫飯又借得米三升太三升而來安

寺僧信岑以蒸橡實一笥來獻

三月二十四日余自雲谷別兄妹而歸八溪行

至烏夜村拜都別監叔分食夕飯而宿時金大

父率其屬而來住於此鄭斗文夫人亦來住焉

三月二十五日借米數合於都叔使可信母作

粥而飲來用淡朴大父家而宿明日還毛也則

父主僅無恙矣以兄妹之僅保線命告之則慽

然垂淚終日不止
至四月連金託以粮絶不爲善養扵家君且告
以期限之已盡而多有不悅之色
至五月家君率復禮自連金家移接扵外家樓
上使金玉別炊以進而余率金玉或乞麥扵所
知人又拾苗扵田間作粥以繼金時擧尹晦仲
累請父親而進食其厚意難忘而時擧則扵余
最相切者故如是致款矣時漢不聞兄妹死生
六月五日余爲見兄妹且欲與之偕八日之祭
輿自毛也貿其所馬真麥若千大麥鹽醬及太

三十四

末若干作太末爲行資而獨發至用淡朴大父
家宿焉明日至大夜村見別監叔分喫夕飯而
宿

六月七日困悴莫甚艱到雲谷則兄妹及弟僅
保縷命而浮色徧體矣及見接額而哭道其幾
不能相見情事無涯寧有旣耶飢餓垂死之中
尚倩祭奠之資俱餠醴及蔬食八日曉設虛位
而奠焉是日衰應輔妻自于朴村而來以餠饋
之則甚嗟咄回人子之情貴矣如此人相食時
作餠以祭之乎奇哉奇哉應輔則受移轉穀徃

沃川未還耳時飢饉荐極餓莩枕野狐狸之食

鳶鴟之啄不忍目見時歲之慘酷一何至此舍

兄以麥事往八溪余與妹及復一弟留舊基而

粮絕取草實採蔬而食僅僅不死而復弟尤極

漸敗

六月二十二日李丈汝翰氏來見余等之飢甚

哀其將死率復弟而去及暮樹村人急招余余

顚倒來見則復一弟死命在喉間呼吸將盡問

其故李丈云初來飽饋麥飯食訖而氣塞云云

因此而永逝嗚呼痛矣尚忍言言哉余負來明日

養心能高卷之二

三十五

○按此間四箇月事不載故十月初六日五代

○十日奉還毛也

日以雨留八日往城山則父親率復弟果留此

宿聞父親自毛也曾到此家而轉向城山云七

明朝得飯於宋伯叔是日來高靈朴大父家而

七月五日余自雲谷將往八溪宿羊膓都習家

矣

號呼哭擗無異終天而父親及禮弟姑平保云

六月二十四日舍兄自八溪而還聞復弟之死

假葬

祖考喪事不記耳

十二月賣草溪田畓艱備資粮接置于金代連
家時李戚叔大期氏倅義興欲往拜因以覓得
穀種是月卄四日自毛也兄弟帶妹率連金及
金玉偕出至豆士前涉半冰之水薄暮至用淡
朴大父家而宿是夜大雪明日不霽因留焉
十二月二十六日朝飯于朴叔蕃家妹則給粮
而置于大父家余兄弟率連金向義興路由省
法山宿必丁幕時牧使留住於此故李丈汝翰
以別監來分喫其夕飯是夜大雪必丁假幕甚

三十六

疎雪花洒終夜不寐

十二月二十七日朝拜李別監而飯後發程而
雪路泥滑五步一仆行色之艱關未有甚於此
者也至大同前則李扶安奎文方葬母夫人于
此得聞金兄志遠氏亦來葬所因人傳告姓名
則顚倒下來相對而泣不覺日晏因以聞都座
首叔寓接同莫洞遂尋拜則叔欣然迎接以慰
雪路之困苦夕飯而燃枞敍懷夜不能寐是夜
又大雪

十二月二十八日自同莫發行至八莒縣後驛

村借宿土宇

十二月二十九日自驛村逾北面大峴點心於

岳溪縣前川上借宿于義之南面金彦明家夕

飯後村人聚街路吹笛角以備賊患是夜又大

雪厥明彦明又以餅羹酒盃饋之余等謝其厚

意過柴嶺朝飯于村家徐到義興官衙尋見後

賢而因謁太守具告飢饉將死之由太守嗟吐

良久定主於官奴權莫同家是後無日不雪其

艱苦不可盡狀

乙未正月一日太守招我兄弟入衙中饋以餅

龍蛇日記卷之二

三十七

果酒盃且曰念爾等窺苦情則可矜而官捧甚

薄勢難周急因退盤上泡餅而與之兄弟退還

主家時四方村人皆醉飲嗚嗚之聲喧騰不絕

我則寥寥相對而坐嗒然相謂曰跋涉遠路所

幹何事今此正朝不耐飢惱良可嘆也卽以毛

公二柄使連金換酒餅連金持筆而循回一村

不得而來愁色滿面仰天咄咄己兄弟相議

曰往來之際徒費路粮而所望則將至掃如不

如託疾留此而得飽可也於是余僞稱脚疾臥

席呻吟令兄代入告太守曰弟則病不能行願留

此調理追後而歸吾則明日欲先還太守許之

招余問疾饋以除飯及泡灸至夕主人（即權以莫同）

薄醪勸飲隣有金彦忠者亦以酒果來饋之

正月三日太守以大麥及粮饌送兄而行初四

日夜心懷悽悵坐而待朝鷄初鳴舎兄率連金

而先還余往之虛門外相揮涕而別余旣送兄

獨留主家尤極鬱陶無以爲懷聞麟角寺在不

遠請太守欲往調理太守許之卽與官奴鳳鶴

偕行而抵於寺下村有希文者頗饒居鳳鶴請

點心卽炊餉之又以酒饋之余騎希文之牛入

三十八

于寺寺在華山之下白川之上石壁削立如屏
障者不知幾許仞也殿閣宏敞丹雘流照極樂
殿前竪普覺碑卽前朝人閔續之所製集王右
軍書字刻之考其年月則元貞乙未也普覺此
寺之僧而前朝崇佛時尊此僧爲大師累遣正
憲大夫罷裕奉書請見僧辭以疾終不赴召其
書狀尚在時則至元間也緇徒出示蒙古書一
貼其字體非篆非隷不可識而但有朱紅印信
如斗者三問則僧言印璽也中有金堂粉書爲
榜曰至正歲重修西有高樓多志遊人名字而

又有李山岳宋進士九人姓名問則僧云丙子
歲榜會于此云其他奇異之可賞者難以悉數
終日遍覽不知旅懷之苦也判事僧法融寺之
住持來見我以毛工一柄給之融以玉米一升
乾柿一串來呈房之僧信寬亦以餠羹濁醪饋
之余之齋粮告罄無以爲繼八日朝信寬作飯
進時義與方煮焰硝子此都色者進夕飯且余
賣一柄得太二升作泡以食
正月九日都色又進朝飯而午太守送五升粮
云近來壯士三百餘人充滿閭閻支供無計以

亂中雜錄卷之二

三十九

용사일기

龍蛇日記

영인 자료

《암곡일고》 권1, 1976, 한국국학진흥원 소장

여기서부터 영인본을 인쇄한 부분입니다. 이 부분부터 보시기 바랍니다.

역주자 신해진(申海鎭)

경북 의성 출생
고려대학교 국어국문학과 및 동대학원 석·박사과정 졸업(문학박사)
전남대학교 제23회 용봉학술상(2019) ; 제25회·제26회 용봉학술특별상(2021·2022)
현재 전남대학교 인문대학 국어국문학과 교수

저역서 『설하거사 남기재 병자사략』(보고사, 2023), 『사류재 이정암 서정일록』(보고사, 2023)
『농포 정문부 진사장계』(보고사, 2022), 『약포 정탁 피난행록(상·하)』(보고사, 2022)
『중호 윤탁연 북관일기(상·하)』(보고사, 2022), 『취사 이여빈 용사록』(보고사, 2022)
『양건당 황대중 임진창의격왜일기』(보고사, 2022)
『농아당 박홍장 병신동사록』(보고사, 2022), 『청허재 손엽 용사일기』(보고사, 2022)
『추포 황신 일본왕환일기』(보고사, 2022), 『청강 조수성 병자거의일기』(보고사, 2021)
『만휴 황귀성 난중기사』(보고사, 2021), 『월파 류팽로 임진창의일기』(보고사, 2021)
『검간 임진일기』(보고사, 2021), 『검간 임진일기 자료집성』(보고사, 2021)
『가휴 진사일기』(보고사, 2021), 『성재 용사실기』(보고사, 2021)
『지헌 임진일록』(보고사, 2021), 『양대박 창의 종군일기』(보고사, 2021)
『선양정 진사일기』(보고사, 2020), 『북천일록』(보고사, 2020)
『괘일록』(보고사, 2020), 『토역일기』(보고사, 2020)
『후금 요양성 정탐서』(보고사, 2020), 『북행일기』(보고사, 2020)
『심행일기』(보고사, 2020), 『요해단충록 (1)~(8)』(보고사, 2019, 2020)
『무요부초건주이추왕고소략』(역락, 2018), 『건주기정도기』(보고사, 2017)
이외 다수의 저역서와 논문

암곡 도세순 용사일기
巖谷 都世純 龍蛇日記

2023년 4월 19일 초판 1쇄 펴냄

원저자 도세순
역주자 신해진
펴낸이 김흥국
펴낸곳 도서출판 보고사

책임편집 이경민
표지디자인 김규범

등록 1990년 12월 13일 제6-0429호
주소 경기도 파주시 회동길 337-15 보고사 2층
전화 031-955-9797(대표)
팩스 02-922-6990
메일 bogosabooks@naver.com
http://www.bogosabooks.co.kr

ISBN 979-11-6587-480-3 93910
ⓒ 신해진, 2023

정가 18,000원